Gloria Chisholm · Warum ich mich mag

Das Leben könnte so viel leichter sein, wenn die Menschen sich selbst und andere annehmen lernten. Wenn sie von sich nicht Dinge verlangen würden, die sie im Augenblick nicht sein oder nicht leisten können. Und wenn sie genauso mit anderen umgingen und ihnen einen Raum des Vertrauens und der Zuneigung schenken würden.

Denn wer sich angenommen und geliebt weiß, findet am ehesten die Freiheit, sich so zu entwickeln, wie er oder sie vom Schöpfer gemeint ist. Ihr Glaube lässt Gloria Chisholm erkennen: Das Hässliche im Menschen – Fehler und Schuld – kann offen vor Gott ausgesprochen werden. Gott will es vergeben. Er will, dass seine Menschen die Freiheit finden, sie selbst zu sein und ihre Gaben einzusetzen.

Gloria Chisholm ist allein erziehende Mutter von fünf Kindern und Zeitschriften-Redakteurin. Ihr Buch entstand auf dem Hintergrund ihrer Ehe mit einem Mann, der versuchte, sie in sein Bild umzuformen. Von körperlicher Gewalt bis zur Herrschaft über ihren Glauben hat sie alles erlebt, was eine Frau an sich und ihrem Leben zweifeln lassen kann. Doch heute ist sie ein Mensch, der sich selbst annehmen kann und anderen das Gefühl vermittelt, dass sie wichtig sind.

Von Gloria Chisholm sind als RBtaschenbuch erschienen: *Das Frauen-Mutmach-Buch* und *Halbe Eltern – ganze Familie. Als Alleinerziehende zwischen Frust und Freude.*

Gloria Chisholm

Warum ich mich mag

Angenommen, geliebt, begabt

R. BROCKHAUS

Die amerikanische Originalausgabe erschien
unter dem Titel THE SECRET OF THE SWAN
bei Augsburg Fortress, Minneapolis/Minnesota

Deutsch von Renate Graßl

»Das hässliche Entenküken«
wurde mit freundlicher Erlaubnis entnommen aus:
Hans Christian Andersen, Sämtliche Märchen,
übersetzt von Thyra Dohrenburg

RB*taschenbuch Bd. 535*

Umschlag: Dietmar Reichert, Dormagen
Gesamtherstellung: Breklumer Druckerei Manfred Siegel KG
ISBN 3-417-20554-9
Bestell-Nr. 220 554

Dieses Buch ist gedruckt auf 100 % Recyclingpapier

INHALT

VORWORT

»Was willst du werden, wenn du mal groß bist?« Das ist eine beliebte Frage von Erwachsenen an Kinder. Von Erwachsenen, die vielleicht schon keine Träume mehr für ihr Leben haben. Und die Kinder antworten begeistert: »Astronaut.« »Popstar.« »Präsident.«

Ich wollte Nonne werden, Stewardess, Psychologin, Schauspielerin, Schriftstellerin.

Als ich im Laufe der Zeit einige falsche Entscheidungen traf und mich damit an bestimmten Punkten festlegte, merkte ich, dass ich vielleicht gar nichts erreichen würde. Da war ich am Boden zerstört. Meine Hoffnungen und Träume starben schneller, als ich sie beerdigen konnte. Ich kam mir immer mehr wie das hässliche Entchen in dem Märchen von Hans Christian Andersen vor. Dieses Kerlchen kam in lebensbedrohliche Situationen, weil niemand es achtete, verstand, ja noch nicht einmal mochte. Die anderen wussten nicht, was wirklich in ihm steckte und was noch aus ihm werden würde. Ja, das Entenküken selbst kannte die Wahrheit über sich nicht – bis die schönen weißen Vögel es als einen der ihren anerkannten.

Wie das hässliche Entenküken fühlte ich mich missverstanden, verkannt und ungeliebt. Je mehr ich den anderen zeigte, wer ich wirklich war, desto mehr rümpften sie über mich die Nase, verurteilten oder verletzten mich oder versuchten, mich zu ändern.

Ist es Ihnen auch schon einmal so gegangen? Hatten Sie auch Schwierigkeiten, wirkliche Liebe und Anerkennung zu erhalten? Warum fühlen sich viele Menschen wie ein hässliches Entchen?

Es kommt wahrhaftig einem Wunder gleich, wenn wir unser wahres Spiegelbild im stillen Wasser des Teiches erblicken. In dem Moment erkennen wir, dass wir nach Gottes Ebenbild erschaffen sind. Der Schwan, der sich im Wasser spiegelt, ist der auferstandene Christus, der in uns lebt. Vielleicht fühlen wir uns noch wie das hässliche Entchen. Aber wir können lernen, diese Wahrheit über uns selbst anzunehmen.

Die Reise, die das hässliche Entchen angetreten hat, kann jeder von uns beginnen. Aber wie können wir erkennen, wer wir wirklich sind? Wie kommen wir dahin, uns so zu sehen, wie Gott uns sieht? Und wie lernen wir es, der Schwan zu sein, den Gott eigentlich in uns erschaffen wollte? Solche Fragen haben mich dazu gebracht, dieses Buch zu schreiben.

Was wollen Sie werden, wenn Sie einmal »groß« sind? Haben Sie sich schon einmal in Ihren kühnsten Träumen vorgestellt, dass Gott Sie dazu erschaffen hat, ein Schwan zu sein?

Das hässliche Entenküken

von Hans Christian Andersen

Es war so herrlich draußen auf dem Lande, es war Sommer! Das Korn stand gelb, der Hafer grün, das Heu war unten auf den grünen Wiesen in Schobern aufgesetzt, und dort ging der Storch auf seinen langen, roten Beinen umher und redete ägyptisch, denn diese Sprache hatte er von seiner Mutter gelernt. Rings um Äcker und Wiesen lagen große Wälder, und mitten in den Wäldern tiefe Seen; o ja, es war wirklich herrlich dort draußen auf dem Lande.

Dort lag mitten im Sonnenschein ein alter Herrensitz mit tiefen Kanälen drum herum, und von der Mauer bis zum Wasser hinab wuchsen große Huflattichblätter, die so hoch waren, dass kleine Kinder unter den größten aufgerichtet stehen konnten; dort drinnen war es ebenso wild wie im dichtesten Wald, und hier lag eine Ente auf ihrem Nest; sie wollte ihre kleinen Entenjungen ausbrüten, aber nun mochte sie schon bald nicht mehr, weil es so lange dauerte und sie selten Besuch bekam; die anderen Enten schwammen lieber in den Kanälen umher, als dass sie hinaufliefen und unter einem Huflattichblatt saßen, um mit ihr zu schnattern.

Endlich krachte ein Ei nach dem anderen. »Piep! Piep!«, sagte es, alle Eidotter waren lebendig geworden und steckten den Kopf heraus.

»Raab! Raab!«, sagte die Ente, und dann sputeten sie sich alle, so sehr sie konnten, und guckten sich unter den grünen Blättern nach allen Seiten um, und die Mutter ließ sie gucken, soviel sie wollten, denn Grün ist gut für die Augen.

»Wie ist die Welt doch groß«, sagten alle Jungen; denn sie hatten jetzt allerdings eine ganze Menge mehr Platz als drinnen im Ei.

»Denkt ihr, das ist die ganze Welt?«, sagte Mutter. »Die geht noch viel weiter, ganz bis auf die andere Seite des Gartens, bis in den Acker des Pfarrers hinein! Aber da bin ich nie gewesen! – Ihr seid doch wohl alle da?« Und dann erhob sie sich. »Nein, ich habe nicht alle! Das größte Ei liegt da noch; wie lange soll das noch dauern! Jetzt habe ich bald genug!« Und dann legte sie sich wieder drauf.

»Na, wie geht es?«, sagte eine alte Ente, die kam, um einen Besuch zu machen.

»Es dauert so lange mit dem einen Ei!«, sagte die Ente, welche brütete. »Es will nicht entzweigehen! Aber nun musst du dir die anderen ansehen! Es sind die süßesten Jungen, die ich gesehen habe! Sie gleichen alle ihrem Vater, dem Lumpen, er kommt nicht, mich zu besuchen.«

»Zeig mir doch mal das Ei, das nicht platzen will!«, sagte die Alte. »Du kannst mir glauben, das ist ein Putenei! So bin ich auch einmal an der Nase herumgeführt worden, und ich hatte meine Sorge und meine Not mit den Jungen, denn die sind ja bange vorm Wasser, musst du wissen! Ich konnte sie nicht hineinkriegen! Ich schnatterte und schnappte zu, aber es nützte nichts! – Lass mich das Ei sehen! Doch, es ist ein Putenei! Lass du das nur liegen und bring den anderen Kindern das Schwimmen bei!«

»Ich will doch noch ein bisschen darauf liegen!«, sagte die Ente. »Habe ich nun so lange gelegen, dann kommt es auf ein bisschen länger auch nicht an!«

»Bitte sehr!«, sagte die alte Ente, und dann ging sie.

Endlich platzte das große Ei. »Piep! Piep!«, sagte das Junge und quoll heraus; es war sehr groß und garstig. Die Ente sah es sich an. »Das ist ja ein furchtbar großes Entenküken!«, sagte sie. »Keines von den anderen sieht so aus! Es sollte doch nicht etwa ein Putenküken sein? Nun, das werden wir bald heraus haben! Ins Wasser muss es, und wenn ich es selber hineinschubsen soll!«

Am nächsten Tag war ein herrliches, wunderbares Wetter; die Sonne schien auf all die grünen Huflattichstauden. Die Entenmutter mit ihrer ganzen Familie erschien unten am Kanal: platsch! sprang sie ins Wasser. »Raab! Raab!«, sagte sie, und ein Junges nach dem anderen plumpste hinterdrein; das Wasser schlug über ihren Köpfen zusammen, aber sie kamen gleich wieder hoch und schwammen ganz wunderschön; die Beine gingen von selber, und alle waren sie draußen, sogar das hässliche graue Junge schwamm mit.

»Nein, das ist kein Puter!«, sagte sie. »Sieh mal, wie schön es seine Beine gebraucht, wie gerade es sich hält! Das ist mein eigenes Kind! Im Grunde ist es doch ganz hübsch, wenn man es sich richtig ansieht! Raab! Raab! – Kommt jetzt mit, dann führe ich euch in die Welt hinaus und stelle euch auf dem Entenhof vor, aber bleibt immer dicht bei mir, dass keiner auf euch tritt, und nehmt euch vor der Katze in Acht!«

Und dann kamen sie zum Entenhof. Dort drinnen war ein fürchterlicher Krach, denn zwei Familien rauften sich um einen Aalkopf, und dann erwischte ihn doch die Katze.

»Seht, so geht es in der Welt zu!«, sagte die Entenmutter und leckte sich den Schnabel, denn sie hätte den Aalkopf auch gern gehabt. »Gebraucht nun die Beine!«, sagte sie. »Seht zu, dass ihr euch sputet, und knickst mit dem Hals vor der alten Ente da drüben! Sie ist die vornehmste von allen hier! Sie ist spanischer Herkunft, darum ist sie dick; und habt ihr gesehen, sie hat einen roten Lappen um das Bein! Das ist etwas ganz besonders Schönes und die größte Auszeichnung, die eine Ente bekommen kann, das bedeutet, dass man sie nicht hergeben möchte und dass sie von Tieren wie von Menschen erkannt werden soll! – Sputet euch – nicht die Füße nach innen setzen! Eine wohlerzogene Ente setzt die Füße weit nach außen, ebenso wie Vater und Mutter! Seht her! Knickst nun mit dem Hals und sagt: ›Raab!‹«

Und das taten sie; aber die anderen Enten rundum betrachteten sie und sagten ganz laut: »Du liebe Zeit! Nun kriegen wir die Gesellschaft auch noch auf den Hals! Als ob wir nicht ohnehin schon genug wären! Und, pfui, wie das eine Junge nur aussieht! Das wollen wir hier aber nicht haben!« Und gleich flog eine Ente zu ihm hin und zwackte es ins Genick.

»Lasst es!«, sagte die Mutter. »Es tut ja niemandem etwas!«

»Ja, aber es ist zu groß und zu absonderlich!«, sagte die Ente, die gezwackt hatte. »Und da muss es geduckt werden!«

»Sie hat aber hübsche Kinder!«, sagte die alte Ente mit dem Lappen um das Bein. »Alles schöne Kinder, bis auf das eine, das ist nicht geraten! Ich wünschte, Sie könnte es noch einmal machen!«

»Das geht nicht, Euer Gnaden!«, sagte die Entenmutter. »Er ist nicht schön, aber er hat ein wahrhaft gutes Gemüt, und er schwimmt so wunderbar wie jedes von den anderen, ja, ich darf sagen, etwas besser! Ich denke, er wird schön werden, wenn er erst erwachsen ist oder mit der Zeit etwas kleiner wird! Er hat zu lange im Ei gelegen, und darum hat er nicht die richtige Figur bekommen!« Und dann zupfte sie ihn am Genick und strich dem Burschen die Federn glatt. »Es ist außerdem ein Erpel«, sagte sie, »und da tut es ja nicht so viel! Ich glaube, er wird ordentlich kräftig, er wird sich schon durchschlagen!«

»Die übrigen Entchen sind niedlich!«, sagte die Alte. »Tut nun, als wärt ihr zu Hause, und findet ihr einen Aalkopf, dann könnt ihr ihn mir bringen!«

Und dann waren sie wie zu Hause.

Aber das arme Entenküken, das zuletzt aus dem Ei gekrochen war und so garstig aussah, wurde gebissen, gestoßen und gehänselt, und zwar von den Enten ebenso viel wie von den Hühnern. »Er ist zu groß!«, sagten sie alle, und der Truthahn, der mit Sporen zur Welt gekommen war und deshalb meinte, er sei Kaiser, der blähte sich auf wie ein Schiff mit vollen Segeln, ging spornstreichs auf das Entenküken los, und dann kollerte er und wurde ganz rot am Kopf.

Das arme Entenküken wusste nicht, wo es gehen oder stehen durfte, es war so traurig, weil es so hässlich aussah und dem ganzen Entenhof zum Gespött diente.

So ging es den ersten Tag, und danach wurde es schlimmer und schlimmer. Das arme Entenjunge wurde von allen gehetzt, sogar seine Geschwister waren ganz hässlich zu ihm, und sie sagten immer: »Wenn bloß die Katze dich holte, du altes Greuel!«, und die Mutter sagte: »Ich wünschte, du wärest weit weg!« Und die Enten zwackten es, und die Hühner hackten es, und die Magd, die den Tieren Futter brachte, stieß mit dem Fuß nach ihm.

Da lief es und flog über den Zaun; die kleinen Vögel im Gebüsch flatterten erschrocken auf. »Das ist, weil ich so garstig bin«, dachte das Entenjunge und schloss die Augen, lief aber trotzdem weiter!

Da kam es in den großen Sumpf hinaus, wo die Wildenten hausten. Hier lag es die ganze Nacht, es war so müde und kummervoll.

Morgens flogen die Wildenten auf, und sie sahen sich den neuen Gefährten an. »Was bist du für einer?«, fragten sie, und das Entenjunge wandte sich nach allen Seiten um und grüßte, so gut es konnte.

»Du bist ungemein garstig!«, sagten die Wildenten. »Aber das kann uns ja einerlei sein, wenn du nur nicht in unsere Familie einheiratest!« – Das Ärmste! Es dachte wahrhaftig nicht ans Heiraten; wenn es nur im Schilf liegen und ein bisschen Moorwasser trinken durfte.

Dort lag es zwei ganze Tage, dann kamen zwei Wildgänse oder richtiger, Wildganter, denn es waren zwei Männchen; es war noch gar nicht sehr lange her, seit sie aus dem Ei geschlüpft waren, und darum waren sie sehr vorlaut.

»Hör mal, Kamerad!«, sagten sie. »Du bist so garstig, dass ich dich gut leiden mag! Willst du mitmachen und Zugvogel werden? Hier in der Nähe in einem anderen Sumpf sind einige nette, liebe Wildgänse, alles Fräuleins, die ›raab‹ sagen können! Du hast die Aussicht, dort dein Glück zu machen, so garstig bist du!«

»Piff! Paff!«, ertönte es in diesem Augenblick über ihnen, und beide Wildganter fielen tot ins Schilf nieder, und das Wasser wurde blutrot. »Piff! Paff!«, ertönte es abermals, und ganze Scharen von Wildgänsen flogen aus dem Schilf auf, und dann knallte es wieder. Eine große Jagd fand statt; die Jäger lagen rings um das Moor herum, ja, manche saßen oben in den Bäumen, die weit über das Schilf hinwegragten; der blaue Dampf wallte wie Wolken zwischen den dunklen Bäumen dahin und hing weit über dem Wasser; durch den Schlamm kamen die Jagdhunde, klatsch, klatsch! Schilf und Binsen bogen sich nach allen Seiten auseinander, das war ein Schrecken für das arme Entchen; es drehte den Kopf nach hinten, um ihn unter den Flügel zu stecken, und gerade in dem Augenblick stand ein furchtbar großer Hund vor ihm, die Zunge hing ihm weit aus dem Hals, und die Augen schillerten ganz grausig; er senkte seinen Rachen über das Entchen, zeigte die scharfen Zähne – und platsch! ging er wieder, ohne es mitzunehmen.

»Oh, Gott sei Dank!«, seufzte das Entenjunge. »Ich bin so garstig, dass es nicht einmal den Hund danach verlangt hat, mich zu beißen!«

Und dann lag es ganz still, während die Schrotkörner im Schilf pfiffen und Schuss auf Schuss knallte.

Erst im Laufe des Tages wurde es still, aber das arme Junge wagte nicht aufzustehen, es wartete noch einige Stunden, bis es sich umsah, und dann eilte es aus dem Moor fort, so schnell es konnte; es rannte über Feld und Wiese, da war es sehr windig, so dass das Entenjunge nur mühsam vorwärts kam.

Gegen Abend gelangte es an ein ärmliches kleines Bauernhaus; das war so kümmerlich, dass es selber nicht wusste, nach welcher Seite es einstürzen sollte, und so blieb es denn stehen. Der Wind umbrauste das Entenjunge so sehr, dass es sich auf den Bürzel setzen musste, um sich dagegen anzustemmen; und es wurde immer schlimmer. Da merkte es, dass sich die Tür von der einen Angel gelöst hatte und so schief hing, dass es durch den Spalt in die Stube schlüpfen konnte, und das tat es.

Hier wohnte eine alte Frau mit ihrer Katze und ihrem Huhn, und die Katze, die sie Söhneken nannte, konnte einen Buckel machen und spinnen, sie knisterte sogar, aber dann musste man sie gegen den Strich streicheln; das Huhn hatte ganz kleine, kurze Beine, und daher wurde es Kikeri-Kurzbein genannt; es legte gut Eier, und die Frau liebte es so, als wäre es ihr eigenes Kind.

Am Morgen wurde das fremde Entenjunge sogleich bemerkt, und der Kater begann zu spinnen und die Henne zu gackern.

»Was ist denn das?«, fragte die Frau und blickte sich um, aber sie hatte keine sehr guten Augen, und daher meinte sie, das Entenjunge sei eine fette Ente, die sich verirrt hätte. »Das ist ja aber ein angenehmer Fang!«, sagte sie. »Nun bekomme ich Enteneier, wenn es bloß kein Erpel ist! Das müssen wir ausprobieren!«

Und nun wurde das Entenjunge für drei Wochen auf Probe angenommen, aber Eier kamen nicht. Und der Kater war Herr im Hause, und das Huhn war die gnädige Frau, und andauernd sagten sie: »Wir und die Welt!«, denn sie meinten, sie wären die eine Hälfte, und obendrein der allerbeste Teil davon. Das Entenjunge fand, man könne auch anderer Meinung sein, aber das duldete die Henne nicht.

»Kannst du Eier legen?«, fragte sie.

»Nein!«

»Ja, willst du dann deinen Mund halten!«

Und der Kater sagte: »Kannst du einen Buckel machen, spinnen und knistern?«

»Nein!«

»Ja, dann darfst du keine Meinung haben, wenn vernünftige Leute reden!«

Und das Entlein saß in der Ecke und war missmutig; da musste es an die frische Luft und an den Sonnenschein denken! Es bekam eine so wunderliche Lust, auf dem Wasser zu schwimmen; zuletzt konnte es nicht an sich halten, es musste der Henne das erzählen.

»Was fällt dir denn ein?«, fragte sie. »Du hast nichts zu tun, darum kriegst du Schrullen! Leg Eier oder schnurre, dann gehen sie vorüber!«

»Aber es ist so herrlich, auf dem Wasser zu schwimmen!«, sagte das Entenjunge. »So herrlich, wenn man es über den Kopf bekommt und bis auf den Grund taucht!«

»Ja, das scheint ein großes Vergnügen zu sein«, sagte die Henne, »du bist sicher verrückt geworden! Frag den Kater – der ist das Klügste, was ich kenne –, ob er sich etwas daraus macht, auf dem Wasser zu schwimmen oder zu tauchen! Von mir will ich nicht reden. – Frag selbst unsere Herrschaft, die alte Frau, klüger als sie ist niemand auf der Welt! Meinst du, die hätte Lust, zu schwimmen und Wasser über den Kopf zu bekommen?«

»Ihr versteht mich nicht!«, sagte das Entenjunge.

»Ja, verstehen wir dich nicht, wer sollte dich dann verstehen! Du willst doch wohl nicht etwa klüger sein als der Kater und die Frau, von mir ganz zu schweigen! Stell dich nicht an, Kind, und danke du deinem Schöpfer für all das Gute, was man für dich getan hat! Bist du nicht in eine warme Stube gekommen und hast Gesellschaft, von der du etwas lernen kannst? Aber du bist ein Faselhans, und es macht keinen Spaß, mit dir zu verkehren! Mir kannst du glauben! Ich meine es gut mit dir, ich sage dir unangenehme Dinge, und daran kann man seine wahren Freunde erkennen! Sieh du nur zu, dass du Eier legst und schnurren oder knistern lernst!«

»Ich glaube, ich gehe in die weite Welt hinaus!«, sagte das Entchen.

»Ja, tu das nur!«, sagte das Huhn.

Und dann ging das Entchen; es schwamm auf dem Wasser, es

tauchte unter, aber es wurde von allen Tieren seiner Hässlichkeit wegen übersehen.

Jetzt kam der Herbst, die Blätter im Wald wurden gelb und braun, der Wind bemächtigte sich ihrer, so dass sie tanzten, und oben in der Luft sah es kalt aus; die Wolken hingen schwer von Hagel und Schnee, und auf dem Zaun saß der Rabe und schrie vor lauter Kälte: »Au! Au!« Ja, es konnte einen richtig frösteln, wenn man daran dachte; das arme Entenjunge hatte es wahrhaftig nicht schön.

Eines Abends – die Sonne ging so herrlich unter – kam ein ganzer Schwarm von wunderschönen großen Vögeln aus den Büschen, das Entenjunge hatte nie so schöne gesehen, sie waren ganz glänzend weiß, mit langen, biegsamen Hälsen; es waren Schwäne, sie stießen einen ganz seltsamen Laut aus, breiteten ihre prächtigen langen Fittiche aus und flogen aus den kalten Gegenden in wärmere Länder, an offene Seen! Sie stiegen so hoch, ganz hoch, und dem hässlichen kleinen Entenjungen wurde es ganz wundersam zumute; es drehte sich im Wasser um wie ein Rad, streckte den Hals nach ihnen aus, hoch in die Luft, und stieß einen Schrei aus, so seltsam, dass ihm selber ganz bange dabei wurde. Oh, es konnte die schönen Vögel nicht vergessen, die glücklichen Vögel, und sobald es sie nicht mehr erblicken konnte, tauchte es bis auf den Grund, und als es wieder hochkam, war es ganz außer Rand und Band. Es wusste nicht, wie die Vögel hießen, wusste nicht, wohin sie flogen, aber dennoch liebte es sie, wie es nie bisher jemanden geliebt hatte; es beneidete sie gar nicht, wie konnte es ihm in den Sinn kommen, sich eine solche Schönheit zu wünschen, es wäre froh gewesen, wenn wenigstens die Enten es unter sich geduldet hätten. – Das arme, hässliche Tier!

Und der Winter wurde kalt, so kalt! Das Entenjunge musste herumschwimmen, um zu verhindern, dass das Wasser ganz zufror; aber jede Nacht wurde das Loch, in dem es schwamm, enger; es fror, dass es in der Eisrinde krachte; das Entenjunge musste ständig die Beine regen, damit das Loch sich nicht schloss; zuletzt war es erschöpft, lag ganz still und fror im Eise fest.

Früh am Morgen kam ein Bauersmann, er sah es, ging hinaus und schlug mit seinem Holzschuh das Eis entzwei und trug das Entenjunge zu seiner Frau nach Hause. Dort wurde es ins Leben zurückgerufen.

Die Kinder wollten mit ihm spielen, aber das Entenjunge glaubte, sie wollten ihm ein Leid zufügen, und sauste vor Schrecken mitten in die Milchschüssel, so dass die Milch in die Stube schwappte; die Frau schrie und schlug die Hände über dem Kopf zusammen, und da flog es in die Schüssel, in der die Butter lag, und dann in die Mehltonne und wieder heraus. Na, wie das jetzt aussah! Die Frau schrie und schlug mit der Feuerzange nach ihm, und die Kinder purzelten eines über das andere, um das Entenjunge zu fangen, und sie lachten, und sie schrien! – Es war nur gut, dass die Tür offen stand, es schoss hinaus zwischen die Sträucher in den frisch gefallenen Schnee – da lag es, wie tot.

Aber es wäre zu trostlos, wollte man von all der Not und dem Elend erzählen, das es in diesem harten Winter durchmachen musste. – Es lag im Sumpf zwischen dem Schilf, als die Sonne wieder anfing, warm zu scheinen; die Lerchen sangen – es war ein schöner Frühling.

Da hob es mit einem Mal seine Schwingen, sie rauschten stärker als früher und trugen es kräftig weiter; und eh es sich's so recht versah, war es in einem großen Garten, wo die Apfelbäume in Blüte standen, wo der Flieder duftete und an den langen, grünen Zweigen bis ganz zu den gewundenen Kanälen hinabhing! Oh, hier war es so schön, so frühlingsfrisch! Und gerade vor ihm aus dem Dickicht kamen drei wunderbare, weiße Schwäne; sie rauschten mit den Fittichen und schwammen leicht auf dem Wasser dahin. Das Entenjunge erkannte die prächtigen Tiere wieder und wurde von einer seltsamen Traurigkeit befallen.

»Ich möchte zu ihnen hinfliegen, den königlichen Vögeln! Und sie werden mich totstechen, weil ich, der ich so garstig bin, mich ihnen zu nähern wage! Aber das ist mir einerlei! Lieber von ihnen getotet als von den Enten gezwackt werden, von den Hühnern gehackt und von der Magd, die den Hühnerhof versorgt, gestoßen werden und im Winter Qualen leiden!« Und es flog ins Wasser hinaus und schwamm den prächtigen Schwänen entgegen, diese sahen es und rauschten mit brausendem Gefieder auf das Entenjunge zu. »Tötet mich nur!«, sagte das arme Tier und neigte den Kopf bis auf die Wasserfläche hinab und wartete auf den Tod – aber was sah es in dem klaren Wasser? Es sah unter sich sein eigenes Bild, aber es war nicht mehr ein unbeholfener, schwarzgrauer Vogel, garstig und scheußlich, es war selber ein Schwan.

Es macht nichts, dass man auf dem Entenhof geboren ist, wenn man nur in einem Schwanenei gelegen hat!

Es war richtig froh über all die Not und die Unbilden, die es durchgemacht hatte; nun konnte es sein Glück erst schätzen, all die Schönheit,die es grüßte. – Und die großen Schwäne schwammen rund um das Junge herum und streichelten es mit dem Schnabel.

In den Garten kamen einige kleine Kinder, die warfen Brot und Körner ins Wasser, und das Kleinste rief: »Da ist ein Neuer!« Und die anderen Kinder jubelten auch: »Ja, da ist ein Neuer gekommen!« Und sie klatschten in die Hände und tanzten herum, holten die Eltern, und es wurden Brot und Kuchen ins Wasser geworfen, und alle sagten: »Der Neue ist der Hübscheste! So jung und so schön!« Und die alten Schwäne verneigten sich vor ihm.

Da fühlte er sich ganz beschämt und steckte den Kopf unter die Fittiche, er wusste selber nicht warum! Er war viel zu glücklich, jedoch nicht stolz, denn ein gutes Herz wird niemals stolz! Er dachte daran, wie er verfolgt und verhöhnt worden war, und hörte nun alle sagen, dass er der schönste von allen schönen

Vögeln wäre. Und der Flieder neigte seine Zweige bis zu ihm ins Wasser hinab, und die Sonne schien so warm und so gut, da brauste sein Gefieder, der schlanke Hals reckte sich, und aus tiefem Herzen jubelte er: »So viel Glück habe ich mir nicht träumen lassen, als ich das hässliche Entenküken war!«

1. Anders als die anderen

Endlich platzte das große Ei. »Piep! Piep!«, sagte das Junge und quoll heraus; es war groß und garstig. Die Ente sah es sich an. »Das ist ja ein furchtbar großes Entenküken!«, sagte sie. »Keines von den anderen sieht so aus!«

»Manchmal frage ich mich, ob sie auf der Kinderstation nicht die Babys verwechselt haben«, stöhnte Marlene und meinte damit ihre Tochter Kari, die wieder einmal Ärger machte. »Schließlich habe ich vier Kinder, aber keines der anderen hat uns auch nur annähernd so viele Probleme gemacht wie Kari. Dabei haben wir sie alle gleich erzogen.«

»Ich hab' das mal im Fernsehen gesehen«, antwortete Sarah. »Da haben sie mit Müttern gesprochen, deren Kinder im Krankenhaus verwechselt worden sind. Es war furchtbar.«

Mir wurde schlecht. Mein Magen rebellierte. Ich warf meiner Freundin Patti, die mir gegenüber am Tisch saß, einen kurzen Blick zu und stocherte in meinem Essen herum. Der Appetit war mir vergangen. Pattis Gesichtsausdruck verriet Mitgefühl.

»Letzte Woche ist sie schon wieder weggelaufen. Als ob das irgendetwas ändern würde! Nach 24 Stunden war sie wieder da. Wir haben uns nicht einmal mehr die Mühe gemacht, die Polizei zu alarmieren. Ich weiß nicht, was mit ihr los ist. Eine Zeit lang geht alles gut, aber dann fängt es wieder von vorne an, nur schlimmer. Wir haben es mit Reden versucht, mit Druck und Verboten. Nichts hilft!«

Habt ihr es schon mal mit Zuhören versucht?, wollte ich am liebsten fragen. *Mit Verständnis? Habt ihr versucht, sie anzunehmen, egal, was sie getan hat?* Aber ich konnte nichts sagen, ohne mich selbst zu verraten. Ich kämpfte ja mit den gleichen Problemen wie Kari. Ich wusste, was ich brauchte, aber ich konnte es nicht aussprechen.

Ich spürte die Resignation in Marlenes Stimme: »Wir haben uns nicht einmal die Mühe gemacht, die Polizei zu alarmieren.« Sie wollte aufgeben. »Eigentlich möchte ich es gar nicht sagen, aber manchmal wünschte ich mir, dass sie nicht mehr zurückkommt.«

Tränen stiegen in mir auf, allerdings mehr in meinem Herzen als in den Augen. Kari war *»keines von den anderen«*. Als hässliches Entchen stand sie in ihrer Familie allein. Ich konnte mich mit ihr identifizieren – es tat mir weh. Ich habe mich immer mit den hässlichen Entenküken identifiziert, weil ich spürte, dass ich weder auf den Entenhof noch sonst wohin passte.

Über die Jahre hin habe ich viele Menschen getroffen, denen es genauso ging. Menschen wie Kari. Für jeden, der fühlt, dass er anders ist als die anderen, gilt die Geschichte vom hässlichen Entenküken.

Als das hässliche Entchen aus dem Ei schlüpfte, war es sich seiner Größe und Hässlichkeit sicher noch nicht bewusst. Aber es dauerte nicht lange, bis die anderen Enten es ihm klarmachten.

In Zeiten, in denen mein Leben aus den Fugen geriet, habe ich mich wie das hässliche Entchen gefühlt, besonders, weil ich unter das harte Urteil der anderen kam, die nicht verstehen konnten, warum diese »Ente« es einfach nicht schaffte. Zu anderen Zeiten traf mich der Spott über mein Verhalten oder meine Ansichten. Der Schmerz, der mir dabei zugefügt wurde, öffnete mir allerdings auch die Augen für das Leid, das ich anderen zugefügt hatte. Ich merkte, dass auch ich andere verurteilt und über sie gespottet hatte.

In unserer Ehe ließ mich mein früherer Mann recht bald eindeutig wissen, dass es nur *eine* Wahrheit über Gott gab – seine natürlich. Also redete er und ich hörte zu. Ich übernahm seine Ansichten und lehnte in der Folge alle ab, die anders dachten. Die Bibelworte, die unsere Meinung untermauerten, kannte ich auswendig, also zitierte ich sie und ließ die Bibel für sich selbst sprechen. Alles auf unserem Glaubensweg war klar, sauber und ordentlich.

Dann ging meine Ehe auseinander, und ich erfuhr Leid und Schmerzen. Mein nettes, sauberes Glaubensgebäude fing an zu bröckeln, und ich merkte, dass ich doch nicht auf alles eine Antwort hatte.

Je mehr ich erkenne, was für unrealistische Erwartungen ich an andere habe, wie sie zu sein haben oder was sie für mich tun sollen, desto mehr wächst bei mir die Toleranz. Wieder und wieder stehe ich mit enttäuschten Erwartungen da. Ich habe festgestellt, dass ich auf zwei Arten damit fertig werden kann: Entweder lasse ich es zu, dass mich die Enttäuschung innerlich hart macht, oder ich vergebe denen, die mich nicht so annehmen können, wie ich es brauche. Wähle ich die Vergebung, dann bin ich gleichzeitig selbst bereit, die anderen anzunehmen, egal, ob ich mich akzeptiert fühle oder nicht. Max Lucado schreibt dazu:

> »Christus am Kreuz zeigt uns, wie wir mit Erwartungen umgehen sollen.
>
> Hat er hohe Erwartungen? Auf jeden Fall. Sind sie zu hoch? Er erwartet nur unser Bestes. Was erwartet er von uns? Alles zu verlassen, alles zu verleugnen und ihm nachzufolgen.
>
> Doch dabei ist Jesus bereit, uns zu vergeben und anzunehmen.
>
> Gleich hinter seinem Anspruch warten seine Vergebung und Liebe. Fällt jemand vom Hochseil der Erwartungen unseres Herrn, landet er sicher im Netz seiner Toleranz.«
>
> (Max Lucado: *No Wonder They Call Him the Savior*)

Hier finden wir die Begriffe wieder: Erwartung, Vergebung, Annahme und Toleranz. Aus diesem Stoff ist unser tägliches Leben gemacht. Mit ihnen stehen oder fallen unsere Beziehungen zu anderen und zu Gott; sie beeinflussen zweifellos auch unser eigenes Selbstwertgefühl.

Was erwarten wir vom Leben? Ist das realistisch oder unrealistisch? Inwieweit sind wir fähig, uns selbst, Gott oder anderen zu vergeben? Akzeptieren wir es, wenn wir Menschen oder Umstände nicht ändern können?

Erwartungen

»Ich wache jeden Morgen auf und vergebe allen, die mich an diesem Tag verletzen könnten«, hörte ich einmal eine Frau sagen. »Das bewahrt mich vor der unrealistischen Erwartung, immer nett behandelt zu werden, und vor zu vielen Enttäuschungen.«

Vielleicht hört sich diese Aussage ein bisschen pessimistisch an, aber ich habe es mit einem meiner Teenager ausprobiert, und es hilft. Ist es denn wirklich zu viel verlangt, wenn wir erwarten, dass andere Menschen freundlich zu uns sind, besonders solche, die uns nahestehen? Manchmal.

Das hässliche Entchen erfüllte die Erwartungen der anderen zweifellos nicht. Es sah nicht so aus wie eine der anderen Enten, und diese, konformistisch, wie sie nun einmal waren, konnten seine Andersartigkeit nicht tolerieren. Sie bissen, stießen und hackten nach ihm. Die vornehmste Ente im Entenhof sagte sogar zu seiner Mutter: *»Ich wünschte, Sie könnte es noch einmal machen!«*

Wagen wir es, auf unsere Kindheit zurückzublicken und uns daran zu erinnern, wie uns eine Autorität – ein Lehrer, eine Tante, Oma oder Opa – diese Botschaft verdeckt oder offen vermittelt hat?

Es ist tragisch, dass sogar die Mutter des Entenkükens, die einzige, die es zunächst geschützt und verteidigt hatte, es anscheinend müde wurde, sich mit seiner Hässlichkeit herumzuschlagen. Sie sagte zu ihm: *»Ich wünschte, du wärest weit weg!«*

Wenn wir nicht lernen, mit unseren unerfüllten Erwartungen umzugehen, sagen wir möglicherweise dieselben schrecklichen, ablehnenden Worte zu anderen. Meine Mutter hatte gewisse Erwartungen an mein Leben. Wir sprachen zwar nie darüber, aber ich wusste, dass ich in ihren Augen den falschen Mann geheiratet hatte, entgegen ihren Hoffnungen nicht aufs College gegangen war, mich mit meiner Familie in der falschen Stadt niedergelassen hatte und in meinem Leben nichts Bedeutendes erreicht hatte, auf das sie stolz sein konnte.

Manchmal habe ich mich gefragt, ob sie mich *»weit weg wünschte«*. Und jetzt kämpfe ich mit den Erwartungen an meine eigenen Kinder!

Erwartungen - erfüllte oder unerfüllte, realistische oder unrealistische - sind ein Teil unseres Lebens. Wir erwarten, dass unser Ehepartner zum Essen nach Hause kommt, außer, er sagt uns Bescheid, wenn es nicht geht. Wir erwarten, dass der Hund unserer Nachbarn in ihrem Garten bleibt. Wir erwarten, dass unser Auto noch so viel Benzin im Tank hat wie nach unserer letzten Fahrt (obwohl unser Sohn in der Zwischenzeit damit gefahren ist).

Auf einer höheren, wichtigeren Ebene erwarten wir, dass unser Ehepartner uns liebt, »bis der Tod uns scheidet«. Dass unsere beste Freundin loyal zu uns steht und nicht über uns herzieht. Wir erwarten, dass uns unsere Eltern als die erwachsenen Menschen behandeln, die wir jetzt sind.

Solche Erwartungen sind normal (aber nicht unbedingt realistisch). Sie bereiten uns keine Probleme, außer, jemand erfüllt sie nicht. Dann fallen wir in ein Loch voller Enttäuschungen. Ohne die Bereitschaft, zu vergeben und sich gegenseitig anzunehmen, wird unsere Welt genauso chaotisch wie der Entenhof, wo mit den Flügeln geschlagen, getreten und gebissen wird.

Die Antwort kann aber nicht sein, uns von jeglicher Erwartung zu trennen. Das ist sowieso unmöglich, denn viele von ihnen sind uns gar nicht bewusst. Es ist auch notwendig, dass wir von anderen das Beste erwarten. Denn Erwartungen können uns und andere Menschen anspornen - wenn wir es lernen, gesunde Erwartungen von ungesunden zu trennen. Erwartet jemand das Beste von mir (ohne es zu fordern), werde ich alles tun, um diese Erwartungen zu erfüllen. Versage ich aber, dann bedeuten Vergebung und Annahme mir sehr viel, selbst wenn ich mich nie ändere.

Doch wenn wir uns nicht von allen Erwartungen trennen sollen, was dann? Ich versuche, im Umgang mit meinen eigenen Erwartungen die folgenden Gedanken im Hinterkopf zu behalten:

a) *Mit Erwartungen kann man am besten umgehen, wenn sie einem bewusst sind.* Deshalb mache ich mir meine Erwartungen, so gut es geht, bewusst.

b) *Erwartungen sollten realistisch sein.* Meine unerfüllten Erwartungen sind nicht nur ein Problem für mich, sondern auch für andere. Menschen sind unvollkommen und werden mich daher mit Sicherheit immer wieder enttäuschen. Sogar Gott kann mich »ent-täuschen«, wenn er meine falschen Wünsche nicht erfüllt. Unrealistische Erwartungen können und müssen daher aufgegeben werden.

c) *Zorn kann ein Zeichen dafür sein, dass aus meinen Erwartungen ungerechtfertigte Forderungen geworden sind.* Forderungen aber sind Sünde. Möchte ich etwa ständig die Forderungen anderer erfüllen? Genauso wenig wollen andere meinen Forderungen nachkommen.

Vor einigen Jahren, als ich noch verheiratet war, wurde mir eines Tages klar: Obwohl ich fünf Kinder um mich hatte, war ich im Alltag doch sehr einsam. Dann lernte ich Peggy kennen. Ich mochte sie sofort und wollte sie gern besser kennen lernen. Sie schien mich auch zu mögen. Ich war mir sicher, dass wir bald enge Freundinnen sein würden.

Aber immer, wenn ich sie anrief, sagte sie: »Ach, ich würde so gerne kommen, aber ich muss mit Jenny zum Arzt.« Oder sie erwiderte: »Ich wollte heute Abend wirklich in den Bibelkreis gehen, aber ich bin so müde.«

Immer, wenn ich Peggy bei kirchlichen Veranstaltungen sah, wendete sie sich mir zu - genauso, wie sie es bei anderen machte. Alle mochten Peggy und alle beanspruchten einen Teil ihrer Zeit.

Ohne Vorwarnung merkte ich plötzlich, wie ich böse auf sie wurde. Ich fing an, sie zu ignorieren. Wie ein Kind wollte ich sie dafür bestrafen, dass sie nicht mehr Zeit mit mir verbrachte. Meine Erwartungen waren zu Forderungen geworden, und als Peggy sie nicht erfüllen konnte, verwandelte sich meine Enttäuschung in Groll.

Hätte Peggy sich über diesen Groll geärgert, wäre es mit unserer Freundschaft wohl vorbei gewesen. Aber ich lernte dazu. Ich hörte auf, Forderungen an sie zu stellen, und begann, Peggy so zu akzeptieren, wie sie war - eine nicht so nahe Freundin, die ein sehr ausgefülltes Leben lebte. Jetzt konnte ich mich allmählich über die Zeit freuen, die wir zusammen verbrachten.

In der Bibel finden wir Beispiele für Erwartungen. Die Jünger hatten Erwartungen an Jesus. Zwei erwarteten von ihm, im Himmel zu seiner Rechten sitzen zu dürfen (Markus 10,35-40). Die Jünger erwarteten, dass er sein Königreich auf Erden aufrichten würde (Lukas 19,11); sie erwarteten die Stillung des Sturms auf dem See Genezareth (Lukas 8,22-25). Sie stellten viele Erwartungen an ihn. Manche wurden von Jesus erfüllt, manche nicht.

Doch Jesus hatte auch Erwartungen an seine Mitmenschen. Denken wir nur an Petrus. Jesus erwartete von ihm einen starken, unbeirrbaren Glauben, mit dem er auch andere stärken sollte. Jesus sagte ihm sogar, dass er dafür gebetet habe (Lukas 22,31-32). Doch einmal versagte Petrus, der »Fels«, total.

Was geschah, als Jesus seine Erwartungen nicht erfüllt sah? Alles weist darauf hin, dass Jesus Petrus nach seiner Auferstehung *vollkommen vergab.* Als die Frauen ans Grab kamen, um Jesu Leib zu salben, war das Grab leer und ein Engel wies sie an: »Gehet hin und saget den Jüngern *und Petrus,* dass er vor euch hingehen wird nach Galiläa; da werdet ihr ihn sehen, wie er euch gesagt hat« (Markus 16,7). Als der auferstandene Jesus Petrus zum ersten Mal wieder begegnet, sagt er: »Weide meine Lämmer« (Johannes 21,16). Um Petrus so eine große Aufgabe anzuvertrauen, musste der Herr ihn so akzeptieren, wie er war: ein unvollkommener Mensch, aber ein brennender Kämpfer für die Wahrheit.

Vergebung

Auf dem Entenhof vergaben die Enten dem Entenküken sein Anderssein nicht. War es denn wirklich so hässlich, oder kam es den anderen nur so vor, weil es anders aussah? Das Entenküken brachte allein durch sein Erscheinen den gesamten Entenhof in Aufruhr.

Wir brauchen alle Vergebung für unsere »Hässlichkeit« oder unser Anderssein. Es werden sowohl realistische als auch unrealistische Erwartungen an uns gestellt, und wenn wir diesen Erwartungen nicht gerecht werden, brauchen wir die Vergebung der anderen. Genauso brauchen andere aber auch unsere Vergebung. Aber anstatt den anderen ihre Hässlichkeit oder Andersartigkeit zu vergeben, versuchen wir häufig, sie zu ändern, damit wir durch sie nicht mehr verunsichert oder beunruhigt werden.

Wirkliche Vergebung bedeutet, Erwartungen immer wieder zurückzustecken und andere anzunehmen, egal, ob sie jemals anders als ein hässliches Entchen wirken werden. Über das Thema Vergebung sind viele Bücher geschrieben worden. Trotzdem verstehen wir nur wenig davon, wie Vergebung wirklich funktioniert und welch ein Vorrecht es ist, Vergebung zu empfangen oder jemandem zu vergeben.

Ohne Vergebung gehen Ehen unversöhnlich auseinander. Ohne Vergebung verlassen Kinder ihr Zuhause. Ohne Vergebung fügen sich Freunde Wunden zu, ohne sich wieder zu versöhnen. Ohne Vergebung spalten sich Kirchen und Gemeinden. Ohne Vergebung wächst die Distanz zwischen Gott und den Menschen. Ohne Vergebung werden Beziehungen durch unsere Erwartungen beschädigt oder zerstört, und wir suchen nach einem Weg, wie wir es umgehen können, andere anzunehmen. Wenn aber unser Ziel ein Leben in Toleranz und Annahme ist, dann wird Vergebung zu einem täglichen Muss.

Sue, eine Freundin von mir, konnte Raucher nicht ausstehen. Sie empfand Abscheu und Ekel vor ihnen. Es konnte passieren, dass sie eine Frau sympathisch fand und eine freundschaftliche Beziehung begann. Doch sobald sie feststellte, dass ihre neue Bekannte rauchte, fühlte sie sich so abgeschreckt, dass sie mit ihr nicht mehr umgehen konnte. Sie hasste diesen Zug an sich und wollte lernen, Raucher zu akzeptieren. Aber sie wusste nicht wie.

»Sue, hat dir mal jemand sehr weh getan, der Raucher war?«, fragte ich eines Tages vorsichtig. »Vielleicht deine Eltern? Oder ein Verwandter?«

Sie überlegte. »Nein, meine Eltern haben nicht geraucht.« Dann wurde sie plötzlich starr. »Aber da war ein Babysitter, als ich ungefähr zehn war . . .«

Was kam, war die Geschichte eines sexuellen Missbrauchs. Ein Teenager, der sie als Kind gehütet hatte, hatte sie missbraucht und dabei brennende Zigaretten in ihre Haut gedrückt.

Jetzt ist Sue ganz langsam dabei, vergeben zu lernen und Raucher als ihre Mitmenschen anzunehmen, auch wenn sie selbst sehr viel Liebe und Heilung braucht. Eine Therapie hilft ihr dabei. Ohne Vergebung bliebe sie in den Fesseln ihrer Kindheit gefangen – dort, wo so viele Bindungen ihren Anfang nehmen.

Häufig ist Vergebung der Anfang guter Veränderungen. »Sie wollen anders werden? Neue Wege gehen? Sie wollen aus Ihrem Pharisäertum ausbrechen, aber Sie wissen nicht, wie? Dann fangen Sie hier an. Ich weiß nicht, was anstrengender und kräfteraubender ist, als nicht zu vergeben. Menschen, die alles geben, vergeben auch ihren Feinden. Fangen Sie mit dem Schwierigsten an.

... Es gibt keinen besseren Start, als zu vergeben. Diese Wahrheit löst die Trägheit, zerbricht Ihr Gefängnis und macht Sie frei auf Ihrem Weg zu Ihrer wahren Persönlichkeit.« (Chuck Swindoll)

»Hmm. Sie haben leicht reden«, höre ich Sie jetzt sagen. »Sie haben ja keine Ahnung, was ich mit diesem Menschen schon alles erlebt habe.« Jeder hat wohl so ein hässliches Entchen, dem er sich persönlich stellen muss.

Ich kann auch ein Lied davon singen. Mir fallen gleich mehrere Menschen ein, bei denen ich vielleicht mein ganzes restliches Leben Vergebung üben kann, um irgendwie Frieden zu bekommen. Einfach? Sicher nicht.

Es hat nie jemand behauptet, dass vergeben einfach ist. Meine besagte Freundin hat zum Beispiel weiterhin mit den Erinnerungen an den Missbrauch zu tun. Sie leidet sehr stark daran, dass sie ihre Unschuld schon in so frühem Alter verloren hat. Doch sie hält sich selbst die Tatsache vor Augen, dass ihr Leben mehr wert ist als dieser Verlust und dass sie den Missbrauch nicht verdient hat. Sie lässt es zu, dass Gott diese Verletzungen berührt und heilt.

Nein, für Vergebung gibt es keine schnelle Gebrauchsanweisung. Ich bestehe nicht darauf, dass meine Kinder schnell sagen: »Ist in Ordnung, ich vergebe dir«, außer, wir haben alles gründlich »durchgekaut« – das heißt so gut besprochen, dass ich weiß, es ist wirklich ihr oder sein Wunsch. Leider dauert das »Durchkauen« bei Erwachsenen oft Jahre. Wie wichtig es uns ist, andere anzunehmen? Wie wichtig ist es uns, die zwei großen Gebote zu befolgen, Gott vor allem anderen und unseren Nächsten wie uns selbst zu lieben? Und wie wichtig ist es für uns, den Entenhof für ein hässliches Entchen zu einem sicheren Ort zu machen? Als Jesus mit blutendem, geschundenem Körper am Kreuz hing, betete er: »Vater, vergib ihnen, denn sie wissen nicht, was sie tun« (Lukas 23,34). Können wir das auch sagen?

Annahme

Ein durchdringender, gellender Schrei kam von unten aus dem Wohnzimmer. Zuerst dachte ich, meine Söhne, beide im Teenager-Alter, blödelten nur herum. Deshalb rührte ich mich nicht. Aber das Schreien hörte nicht auf, es war jetzt ein klagender Laut, ein Schluchzen, das mir das Herz zerriss. Ich sprang auf und rannte die Treppe hinunter und ins Wohnzimmer, wo ich Travis, meinen ältesten Sohn, vor dem Fernseher fand. Das Weinen kam aus Dwights Zimmer. Ich riss die Tür auf. Dort saß mein Vierzehnjähriger auf seinem Bett, den Kopf in den Händen vergraben, und zitterte am ganzen Körper.

Dwight weinte *nie.*

»Ich hasse ihn, ich hasse ihn, ich hasse ihn!«

»Travis?«

Dwight nickte. »Ich hasse ihn.«

»Was hat er denn getan?«

»Ich hasse ihn – ich hasse ihn!«

Panik erfasste mich. Ich lief zurück ins Wohnzimmer. »Was hast du mit ihm gemacht?«, schrie ich Travis an.

Völlig unbeteiligt nahm Travis langsam seinen Blick vom Fernseher und sah mich gelangweilt an. »Hmm? Dwight?« Dann zuckte er die Schultern. »Keine Ahnung, warum er sich so aufregt. Ich hab' nur sein Skateboard 'n bisschen 'rumgeschubst. Ungefähr so.« Er stand auf und machte es mir vor. »Dann ist er ausgeflippt.«

Mit einer Handbewegung forderte ich ihn auf, mir zu folgen, und wir gingen beide in Dwights Zimmer. Dwight wimmerte jetzt nur noch und wollte keinen von uns beiden ansehen. »Was war los, Dwight?«, wollte ich wissen.

»Ich hab' – ich hab' nur an meinem Skateboard gearbeitet«, stammelte er. »Da hat er – es war, wie er geguckt hat und – er – er macht mich immer schlecht. Warum lässt er mich nicht in Ruhe?« Endlich hob er den Kopf und sah seinen älteren Bruder mit flehenden Augen an. »Warum kann er mich nicht so lassen, wie ich bin?«

Ich wandte mich an Travis und merkte an seinem vorgeschobenen Kinn, dass er das größere Problem hatte. »Skater kann ich einfach nicht ausstehen«, bemerkte er lakonisch.

Als wir später allein waren, erklärte er mir: »Es ist mir so peinlich. Schließlich ist er mein Bruder. Es wirft ein schlechtes Bild auf mich. Sieh dir nur mal seine Haare an, seine Kleidung, wie er redet und wie er sich benimmt. Es ist einfach widerlich.«

Travis *erwartete* von Dwight, etwas anderes als ein Skater zu sein. Dwight dagegen *erwartete* von Travis, so angenommen zu werden, wie er war. Travis konnte (oder wollte) Dwight nicht *vergeben*, dass er doch ein Skater war. Und Dwight konnte (oder wollte) Travis nicht *vergeben*, dass er ihn nicht akzeptierte und schlecht machte. Travis würde Dwight erst dann *akzeptieren*, wenn er seine Haltung änderte. Dwight, das hässliche, zurückgestoßene Entchen, hatte seine eigene Mauer der Ablehnung aufgebaut, um sich gegen Travis' kritische Angriffe zu schützen.

Unsere Familie drohte sich zu spalten, weil die beiden sich nicht annehmen konnten. So etwas passiert dauernd in hunderttausend anderen Familien, in Schulen, am Arbeitsplatz und in Gemeinden. Meistens ist so eine Haltung aber nicht so offenkundig wie bei Travis und Dwight. Oft schlummern diese Gefühle unter der Oberfläche, bis einer oder beide Betroffenen oder eine Gruppe wegen einer Kleinigkeit, die mit dem eigentlichen Problem nichts zu tun hat, explodiert. Familienbeziehungen werden brüchig, Freundschaften gehen kaputt und manche verlieren sogar ihren Arbeitsplatz – nur weil jemand einen anderen nicht annehmen konnte.

In der Beziehung meiner beiden Söhne war dieser Streit jedoch zum Glück ein Wendepunkt. Soviel ich weiß, haben sie zwar nie wieder darüber gesprochen, aber Travis fing an, mit Dwight zu reden, anstatt nur mit ihm zu meckern. Das Frotzeln und Hänseln hörte zwar nicht auf, aber es war jetzt gutmütiger und ohne den alten, bissigen Unterton. Ich war sehr stolz auf meine Söhne.

Die Sehnsucht nach Anerkennung kann sich auf ganz verschiedene Weise äußern. Einmal sah ich in einer Zeitung das Foto einer Achtzehnjährigen mit orangeroten Haaren, Dutzenden von Armreifen, einem Minirock und einer schwarzen Lederjacke. Unter dem Foto stand:

»In der High-School begann sie damit, schwarze Lederkleidung zu tragen und durch ihr Äußeres aufzufallen, um Anerkennung zu finden. ›Ich wollte einfach auffallen. Eigentlich war es nur eine Phase, und wir versuchten, uns gegenseitig auszustechen. Man wurde erst anerkannt und akzeptiert, wenn man total durchgeknallt aussah.‹«

Erinnern Sie sich noch an den Punker mit den abstehenden Haaren, der letzte Woche an der Bushaltestelle stand? Er sucht genauso Liebe und Anerkennung wie Sie. Will er mit seinem Äußeren Grenzen austesten? Will er Sie fragen: »Kannst du mich akzeptieren, auch wenn ich ganz anders aussehe als du?«?

Was war mit dem Demonstranten, der bei der politischen Kundgebung letzte Woche gestört hat? Mit dem aufdringlichen Straßenprediger, der alle in die Hölle verdammte? Mit dem Nachbarn und seinen lästigen Klatschgeschichten? Es sind alles Menschen, die Gottes Liebe und Anerkennung brauchen – selbst wenn sie es nicht merken.

Jesus weiß, was es bedeutet, wie ein hässliches Entchen behandelt zu werden. Er, der vollkommen und ohne Sünde war, »kam in sein Eigentum; und die Seinen nahmen ihn nicht auf« (Johannes 1,11). Das muss ihm sehr weh getan haben. Doch er wusste, wer er war und dass ihn sein Vater vollkommen angenommen hatte. Wir sind uns dessen nicht so sicher. Wir brauchen viel Hilfe, um glauben zu können, dass Gott uns ganz annimmt.

Die Liebe, Gottes Liebe, ist ausschließlich auf andere gerichtet. Der große russische Dichter Dostojewski schrieb einmal:

»Einen Menschen zu lieben heißt, ihn so zu sehen, wie Gott ihn gemeint hat.« »Das ist eine wunderbare Erkenntnis, aber sie geht noch nicht weit genug. Einen Menschen zu lieben heißt nicht nur, dass man ihn so sieht, sondern, dass man ihn auch auf eine Weise behandelt, damit er so werden kann, wie Gott ihn gemeint hat.« (Gary Inrig)

Wenn ich das hässliche Entchen in mir selber erkenne, werde ich vielleicht auch fähig, es in anderen zu sehen? Und wenn ich Gott dabei beobachte, wie er langsam den Schwan in mir zum Vorschein bringt – kann ich dann anderen dabei helfen, diesen Schwan auch in sich selbst zu entdecken? Wenn ich das wirklich für andere tun will, kann ich drei Schritte dazu tun:

- Ich kann mich selbst ehrlich betrachten und mir meine eigenen Schwächen und Sünden eingestehen. In meiner Entwicklung zum Schwan bin ich manchmal sowohl das hässliche Entchen als auch die selbstgerechte, arrogante Ente.
- Ich muss nicht über andere bestimmen und ihnen sagen, wie sie ihr Leben zu führen haben.
- Ich kann in Gottes Liebe auf andere zugehen, anstatt ängstlich davonzulaufen oder die anderen durch zu hohe Erwartungen zu überfordern.

Können wir das? Können wir über das hässliche Entenküken in uns und in anderen hinwegsehen und das Geheimnis des Schwans entdecken? Auch die frisch geschlüpften Küken merkten, *»wie die Welt doch groß«* ist. In einem stillen, kleinen Winkel wird *»Piep! Piep!«* ein Entenküken geboren. Ist es ein Schwan? Bestimmt nicht! Aber vielleicht eines Tages . . .

Geben wir uns einen Ruck. Versuchen wir's. Es ist eine wunderbare Möglichkeit, eine wichtige Rolle in Gottes herrlichem Handeln für diese Welt zu übernehmen – aus dem hässlichen Entenküken, das *nicht wie die anderen ist,* den Schwan entstehen zu lassen.

2. Die Entwicklung des Schwans verstehen lernen

»Wie ist die Welt doch groß«, sagten alle Jungen; denn sie hatten jetzt allerdings eine ganze Menge mehr Platz als drinnen im Ei.

»Denkt ihr, das ist die ganze Welt?«, sagte Mutter. »Die geht noch viel weiter, ganz bis auf die andere Seite des Gartens, bis in den Acker des Pfarrers hinein! Aber da bin ich nie gewesen! . . .«

Die Welt ist wirklich groß, viel größer, als die meisten von uns es erfahren wollen. Wir haben Angst, den Entenhof zu verlassen, Angst vor den Menschen und den Dingen, die uns begegnen könnten.

Ach, es gibt ja auch so viel innerhalb des Entenhofs zu tun. Man kann herumstolzieren und sich wichtig machen, wie die vornehme, alte Ente. Man kann all die kleinen Entenküken aufziehen, wie die Mutterente. Oder man kann alle Enten, die im Weg sind, herumstoßen und beißen. Das sind doch alles recht würdige und wichtige Aufgaben, die uns unser ganzes Leben in Atem halten können! Und wenn das hässliche Entchen aus reiner Überlebensangst vom Entenhof wegläuft, dann stecken wir unsere Köpfe zusammen und tuscheln: »Das arme Entenküken ist eben rebellisch. Aber es wird schon wieder zur Besinnung kommen und zurückkehren.« Wir bleiben bei unserer gewohnten Routine. Schließlich muss das Leben im Entenhof ja weitergehen.

In der Zwischenzeit wird aus dem hässlichen Entchen draußen in der großen, weiten Welt ein wunderschöner Schwan. Unter großen Schmerzen. Denn außerhalb des Entenhofs muss es durch unsägliches Leid gehen. Das hässliche Entchen war sich gar nicht bewusst, dass es ein Schwan werden würde. Und es wusste auch nichts von dem Spiegelbild, das ihn nach dem langen Winter im Wasser des Teichs erwartete.

Aber ob es etwas davon wusste oder nicht, es geschah trotzdem – weil Gott der Schöpfer neuen Lebens ist. Der Schwan war das neue Leben für das Entenküken. Doch vor seiner Verwandlung fühlte es sich so unaussprechlich elend, dass es sterben wollte. Es erkannte den wahren Sinn seines Leidens nicht. Aber nur aus dem Leid heraus werden Schwäne geboren.

Es gibt nicht viele Entenküken, die bereit sind, so lange zu leiden, bis sie zu einem Schwan werden. Ein Bild dafür ist für mich das Gleichnis von der königlichen Hochzeit (Matthäus 22,1-14), in dem es mir in diesem Zusammenhang nicht um das Thema Errettung, sondern um die Fülle des Lebens geht, die Gott jedem seiner Kinder verspricht.

Unser Spiegelbild im Teich ist unsere Eintrittskarte zur Hochzeit. Der Schwan ist das festliche Kleid, das wir brauchen, wenn wir am Hochzeitsmahl teilnehmen wollen. Wir sind ihm schon sehr nahe, wenn wir:

- unser Leid annehmen können;
- unser liebloses Verhalten bekennen und Gottes Vergebung empfangen wollen (unsere Sündhaftigkeit hat nichts mit unserem Wert zu tun!);
- die Liebe zu Gott, zu unserem Nächsten und zu uns selbst zum höchsten Ziel in unserem Leben machen.

Dabei ist es entscheidend, dass wir unsere Entwicklung und die der anderen annehmen; wir müssen sie geschehen lassen. Oft brauchen wir nicht mehr zu tun, als darauf zu warten, wie Gott uns immer mehr in den Menschen verwandelt, der wir nach seinem Willen sein sollen. Und den er tief in uns – oft sogar für uns selbst verborgen – schon angelegt hat. Wir hässlichen Entenküken sind uns vielleicht unserer Entwicklung zum Schwan nicht bewusst, aber wir wissen sehr genau, dass wir eines brauchen: angenommen zu werden. Dieses Bedürfnis – angenommen zu werden, egal, ob wir auf dem Entenhof bleiben oder in die weite Welt hinauslaufen – ist so wichtig und geht so tief, dass manche Menschen alles dafür tun: Sie nehmen Drogen, schließen sich einer Sekte an oder heiraten einen Menschen, der sie misshandelt oder ausnutzt. Ich habe mir einmal eine sehr teure Jacke gekauft, nur um Anerkennung von der Freundin zu bekommen, die beim Einkauf dabei war. In der Vergangenheit habe ich aus demselben Grund auch einige sehr ungesunde Angewohnheiten angenommen.

Das Bedürfnis, angenommen zu werden, hat eine starke Eigendynamik. Warum? Was bedeutet es eigentlich, angenommen zu werden? Wenn wir das einmal verstehen, verstehen wir auch, warum wir es so nötig brauchen. Und wir erkennen, warum fehlende Annahme so zerstörerische Auswirkungen hat. Wir merken, dass wir großen Schaden anrichten, wenn wir sie anderen vorenthalten. Und wir sehen, dass es Heilung bewirken kann, wenn wir jemanden bedingungslos annehmen.

Vor einigen Jahren musste ich meine Bestätigung außerhalb meiner Beziehung zu meinem Ehemann suchen. Es gab einen starken und einflussreichen Mann, dessen Erscheinung und Ruf mir wie ein Leitbild waren, dem ich folgte. Die Frage, ob andere mich anerkannten, entschied sich zuerst daran, ob sie ihn anerkannten. Als er nicht mehr da war, hatte ich keinen Schutz mehr. Ich fühlte die rohe Gewalt der anderen »Enten im Entenhof«, die nach mir hackten. In meinem Schmerz flüchtete ich aus dem »Entenhof« in der Gemeinde, ohne dass die anderen Enten versuchten, mich zum Bleiben zu überreden. Da begann ich, etwas von der Welt und ihrer Größe zu erfahren. Außerhalb der Grenzen des »Entenhofs« wusste ich nicht, wie ich mich verhalten sollte. So elend ich mich auch innerhalb des »Entenhofs« gefühlt hatte, wusste ich doch wenigstens, was von mir erwartet wurde. Doch ich bin Gott sehr dankbar, dass er sich seine Wohnung im menschlichen Herzen und nicht innerhalb oder außerhalb eines »Entenhofs« sucht.

Außerhalb des »Entenhofs« begann ich allmählich, den »Schwan« in mir zu entdecken. Es wurde mir von vielen Seiten gesagt, dass es so nicht hätte passieren sollen; der richtige Ort wäre innerhalb der Gemeinde gewesen. Vielleicht stimmt das, ich weiss es nicht, und es spielt heute auch keine Rolle mehr.

Viel wichtiger ist, dass jemand das Risiko auf sich genommen und den »Entenhof« verlassen hat, um mich zu suchen, jemand, dem ich diese Mühe wert war. Dazu braucht es nur einen oder zwei Menschen. Es muss keine Mutter Teresa sein, kein Martin Luther King oder Billy Graham. Jeder von uns kann dieses Risiko auf sich nehmen. Ich kann es versuchen, oder Sie, oder wir beide.

Wenn wir andere annehmen, erweitert Gott unsere Welt, weil wir über die Grenzen des Entenhofs hinaussehen. Andere anzunehmen, das bedeutet, die hässlichen Entchen dieser Welt willkommen zu heißen, ohne Vorbehalte, egal, wer sie sind, was sie getan haben oder wie sie aussehen. Andere anzunehmen schließt das Risiko ein, sich die Hände schmutzig zu machen. Es gibt den Menschen die Freiheit, so zu sein, wie sie sind. Es bedeutet zuzulassen, dass Gott aus dem hässlichen Entenküken den Schwan herauslockt. Letztlich bedeutet es, unsere überhöhten Erwartungen aufzugeben und stattdessen Vergebung und Liebe zu zeigen, so, wie Jesus sie für uns hat.

Wer könnte uns besser etwas über diese Kunst beibringen als Jesus selbst? Seine Art, andere anzunehmen, ist die einzig nachahmenswerte, die einzige, die Heilung schenkt, ohne Einschränkungen.

Können wir denn uns und andere so annehmen, wie Jesus es tut? Sind unsere Bemühungen darum nicht von vornherein zum Scheitern verurteilt?

In Römer 15,7 steht: »Darum nehmt einander an, wie Christus euch angenommen hat.« Warum sollte Gott etwas von uns verlangen, von dem er weiß, dass wir es nie erreichen können? Was genau erwartet Gott von uns? Und wie nimmt Christus uns an?

Annahme ist keine passive Haltung, in der wir dastehen und zusehen, wie der andere sich auf uns zubewegt. Annahme ist entschiedenes Handeln, indem wir auf andere eingehen. Es bedeutet, dass das Leben von Menschen uns berührt, uns unter die Haut geht. Jemanden anzunehmen bedeutet, auszuharren, egal, was kommen mag. Es bedeutet häufig, Erwartungen aufzugeben und manchmal sogar unseren guten Ruf zu riskieren. Es setzt die Bereitschaft zur Vergebung voraus. Daraus wächst echte Toleranz. Annahme glaubt an das hässliche Entchen und vertraut auf die Umwandlung zum Schwan, egal, was die anderen Enten sagen oder denken. Annahme ist die Liebe, die größer ist als unsere Angst, uns voreinander unverhüllt zu zeigen. Andere bedingungslos anzunehmen, ist vielleicht das größte Risiko, das man eingehen kann, weil man von sich selbst viel aufgeben muss.

Kürzlich sah ich im Fernsehen ein Interview mit dem Herausgeber einer amerikanischen Zeitschrift, Walter Anderson. Anderson wurde zu seinem Buch *The Greatest Risk of All (Das größte Risiko)* befragt. Nachdem er über einige erfolgreiche Menschen und die Risiken, die sie auf ihrem Weg zum Erfolg in Kauf nehmen mussten, gesprochen hatte, fragte ihn der Moderator: »Walter, was ist das größte Risiko?«

Die Antwort kam prompt: »Verletzlich zu sein.« Walter Anderson war von seinem alkoholabhängigen Vater missbraucht worden. Er hatte mit Sechzehn die Schule abgebrochen und sein Elternhaus verlassen. Viele andere in seiner Situation wären bitter und zynisch geworden – und das hätte bei diesen tiefen Wunden nicht verwundert. Doch er entschied sich dafür, keine Schutzwand um sich herum aufzubauen und offen zu bleiben. Das war der Anfang auf dem Weg zum Erfolg.

Verletzlichkeit und Annahmebereitschaft – gehören sie zusammen? Kann man eins ohne das andere haben? Man kann andere nur annehmen und von ihnen angenommen werden, wenn man auch da offen bleibt, wo man verletzlich ist.

Sonst haben wir es nur mit unseren Fassaden zu tun. Aber vielleicht können wir hier einen Anfang machen, denn wenn es uns in unseren Beziehungen gelingt, gegenseitig unsere äußere

Fassade zu akzeptieren, können wir den nächsten Schritt wagen und eine unserer verletzlichen Seiten zeigen; so wird unsere Bereitschaft zur Annahme auf eine tiefere Ebene führen.

Ich erinnere mich an Zeiten, in denen ich so viel Angst vor Ablehnung hatte, dass ich niemanden wirklich an mich heranlassen konnte. Gott hat mir schließlich klargemacht: Wenn ich dem anderen mein Inneres vorenthalte, verweigere ich mich auch gegenüber dem, was Gott mir schenken will. Denn dann suche ich die Beziehung nur auf einer oberflächlichen Ebene. An diesem Punkt habe ich beschlossen, ich wollte ab da zulassen, dass ich verletzt wurde. Ich wusste, Gott wollte es so, egal, ob ich angenommen wurde oder nicht.

Also schottete ich mich nicht mehr ab – selbst in Situationen, die emotional schwierig waren. Manchmal erlebte ich dabei, dass ich angenommen wurde, manchmal nicht. Aber ich hatte keine Angst mehr vor der Ablehnung. Ich konnte mich ihr stellen und damit leben.

Auf andere zugehen

Manchmal haben wir wegen unserer eigenen Schwächen das Gefühl, wir sind die Liebe und Anerkennung von Gott und den Menschen nicht wert. Das lähmt unsere Bereitschaft, auf andere zuzugehen und unsere Bedürfnisse auszusprechen. Zögert aber jemand, sich zu öffnen, habe ich noch lange kein Recht, ihn deswegen weniger zu lieben. Fühlt sich jemand wie ein hässliches Entchen und kann deshalb keine Entscheidungen treffen, ist der Ball auf meiner Seite. Allerdings kann ich nur einen Ball zurückspielen, den ich auch sehe. Wenn der andere mich seine Bedürfnisse nicht wissen lässt – wie kann ich dann auf ihn zugehen?

Ich hatte einmal eine Arbeitskollegin, die, oberflächlich betrachtet, sehr selbstsicher und autonom wirkte. Sie schien nichts und niemanden zu brauchen. Aber es gab einen Moment der

Schwäche, in dem ich etwas anderes an ihr entdeckte. Als wir eines Tages über ihr Leben sprachen, merkte ich, wie ihre Fassade bröckelte.

Ich spürte ihre Not und wagte mich vor. »Darf ich Sie umarmen?«, fragte ich und ging einen Schritt auf sie zu. »Nein.« Entschlossen schüttelte sie den Kopf.

Aua, dachte ich, weil mich ihre Zurückweisung schmerzte. Die Fassade war wieder da. Der Augenblick ging vorüber und unser Gespräch war beendet.

Das passierte an einem Freitag. Das ganze Wochenende über grübelte ich über diesen Moment nach. Hatte ich ihre Not falsch verstanden? Ich war mir doch sicher gewesen, dass sie mir ihren Wunsch nach einer Umarmung zu verstehen gegeben hatte, wenn auch ohne Worte. Ihre Ablehnung hatte mich verletzt, und ich wollte mich von ihr zurückziehen.

Doch am Montagmorgen fand ich eine Notiz von ihr auf meinem Schreibtisch. »Danke für Ihre Zuwendung. Das ist eine Ihrer Seiten, die ich so sehr schätze. Es tut mir leid, dass ich so hart reagiert habe. Doch das ist mein Problem – bitte, geben Sie nicht auf!«

Dieses »hässliche Entenküken«, meine Kollegin, hatte von anderen schon böse Schläge hinnehmen müssen. Jetzt fiel es mir nicht schwer, ihr die Zeit zu geben, die sie brauchte; ich ließ sie wissen, dass ich immer für sie da sein würde. Ich wollte ihr dabei helfen, den Schwan zu entdecken, soweit sie dazu bereit war.

Bedingungslose Annahme hängt nicht davon ab, ob uns jemand seine Bedürfnisse *in Worten* mitteilt. Wir nehmen ihn gern und freiwillig an, egal, ob der andere sich dessen würdig fühlt und ob er darum bitten kann oder nicht. Respekt oder Vertrauen setzt in irgendeiner Weise ein Verdienst voraus; Annahme nicht. Wir bieten sie an, weil wir wissen, dass wir sie wegen unserer eigenen Sünde selbst bitter nötig haben, und weil Gott uns so liebt und akzeptiert, wie wir sind.

Aber warum ist es trotzdem oft so schwierig oder schier

unmöglich, auf Menschen zuzugehen, die unsere Anerkennung brauchen? Und warum ernten solche Annäherungen oft »Beißen« und »Hacken« statt Erleichterung?

Weil mir in der Begegnung mit Gottes Heiligkeit meine eigenen Unzulänglichkeiten bewusst geworden sind, habe ich gelernt, andere immer mehr anzunehmen. Nur in einem Fall gerate ich ins Stolpern: Wenn mir eine streng gesetzliche Form des Christentums begegnet. Weil ich viele Jahre eine selbstgerechte »vornehme Ente« war (und weil ich schreckliche Angst davor habe, wieder eine zu werden), ist es für mich sehr schwierig, auf »hässliche Entchen« zuzugehen, die in diesen speziellen Denkstrukturen denken. Aber wir haben alle unsere Stolpersteine. Für die einen ist es die katholische Kirche, für andere die Pfingstbewegung, eine »perfekte« Schwester oder ein arbeitswütiger Vater, die unsere unüberwindliche Abneigung auslösen.

Ich weiß noch, welcher Schreck mich durchfuhr, als ich eines Tages eine bestimmte Sünde bei mir entdeckte, aber gleichzeitig auch die ausgestreckte Hand einer Freundin, die mich unvorstellbar liebevoll annahm. Hätte sich diese Freundin damals voller Abscheu abgewandt, ich hätte vielleicht nie wieder einen Menschen nahe an mich herankommen lassen.

Wie schwer fällt es uns, unsere über der Brust verschränkten Arme zu öffnen? Wie viele leidende Menschen – manche von ihnen gehören für uns vielleicht zu den wichtigsten und liebsten – müssen sich erst voll Ärger oder Enttäuschung von uns abwenden? Wir sollten es einmal mit Vertrauen probieren; mit Vertrauen in den allmächtigen Gott, der uns aufrichtig annimmt. Jesus nahm die Frau am Brunnen an, die fünf Mal verheiratet gewesen war (Johannes 4,7-26). Er nahm Zachäus, den verhassten Zöllner, an (Lukas 19,1-10). Jesus nahm sogar Paulus an, als er noch der gesetzliche, selbstgerechte Pharisäer war und die Christen ans Messer lieferte (Philipper 3,4-6).

Wenn der heilige Gott in der Gestalt seines Sohnes auf uns zugeht und uns zu sich zieht, dann können wir auch auf andere zugehen – auf alle möglichen »hässlichen Entenküken« in dieser großen Welt, egal, in welcher Phase ihrer Entwicklung zum »Schwan« sie stehen.

Aufnehmen

Paulus ermahnte die Römer, »einander anzunehmen« und sich gegenseitig in ihr Haus oder ihren Freundeskreis aufzunehmen. Die wörtliche Bedeutung des griechischen Wortes ist »jemanden zu sich nehmen«. Für mich bedeutet dieses »Aufnehmen« auch umarmen, zutiefst lieben, in mein Leben hereinlassen.

Ich kann nur darüber spekulieren, ob ich aus dem Entenhof hinausgeworfen wurde oder ihn aus eigenem Antrieb verlassen habe. Wahrscheinlich stimmt beides. Ich weiß nur, dass ich unbedingt angenommen werden wollte, obwohl ich den anderen die entgegengesetzten Signale gesendet hatte: »Es geht mir gut. Ich komme schon allein zurecht. Kein Problem. Ich brauch' weder dich noch sonst jemanden. Lass mich in Ruhe. Ich hab' die Nase voll.«

Wer hätte mich da schon aufnehmen wollen? Um meine Not hatte ich einen Selbstschutz aufgebaut, teilweise war ich sogar gemein geworden. Und je mehr ich mir selbst Schmerzen zufügte, umso ekliger wurde ich. Doch tief im Inneren sehnte ich mich nach jemandem, der ja zu mir sagte, über meine Gemeinheiten und meine Hässlichkeit hinwegsah und mir half, die Frau zu werden, die ich nach Gottes Willen sein soll.

Schiebe ich damit etwa den anderen die Schuld in die Schuhe? Ganz und gar nicht. Ich habe normalerweise auch keine Lust, Menschen wie mich anzunehmen. Außerdem haben wir doch wohl das Recht, uns die Leute auszusuchen, die wir in unser Leben aufnehmen, oder nicht? Es wird doch wohl nicht von uns erwartet, jeden anzunehmen? Was ist mit dem Kinderschänder? Oder dem skandalumwitterten Fernseh-Evangelisten? Oder dem Punker? Das kann doch nicht sein. Gott erwartet doch nicht von uns, den betrunkenen Autofahrer »aufzunehmen«, der ein kleines Kind überfahren hat? Besonders, wenn es mein Kind war!

Aber Paulus macht keine Unterschiede. Er sagte einfach: »Nehmt einander an.«

»Unmöglich«, sagen Sie vielleicht. »Das kann ich nicht. Es ist zu schwer.«

Stimmt. Ich weiß noch genau, wie ein pausbäckiges, sechsjähriges Mädchen mit ihrem Fahrrad meinen dreijährigen Sohn umfuhr und er sich das Bein brach. Das kleine Mädchen ließ ihn schluchzend auf der Fahrbahn liegen, wo ich ihn ein paar Minuten später fand. Weder Mutter noch Vater erschienen, und keiner von beiden redete seitdem mit mir oder meiner Familie ein Wort. Es waren unsere Nachbarn, und bis zu diesem Zeitpunkt hatten sie sich sehr freundlich verhalten. Soll ich mich öffnen, soll ich noch einmal das Risiko eingehen, verletzt zu werden?

Das ist ein Kernwort: »verletzlich«. Wir können nur dann jemanden annehmen, wenn wir uns innerlich öffnen. Doch die Angst vor Verletzungen verhindert das. Weil wir in unserer Entwicklung zum Schwan Angst haben vor Angriffen, vor Schmerz und Verletzungen, würden wir am liebsten wieder in das schützende Ei zurückkehren, aus dem wir geschlüpft sind.

Aber in diesem Ei ist es dunkel und einsam! Und haben wir erst Verletzungen riskiert und die Eischale aufgepickt, um unsere Entwicklung zum Schwan in dieser großen Welt zu beginnen, dann gibt es eigentlich auch keinen Weg mehr zurück.

Beständigkeit

Echte Annahme ist beständig. Sie hat eine Verbindlichkeit, die weit über das Heute hinausreicht. Sie wendet sich nicht gleich ab, wenn beim anderen die Sicherung durchbrennt, ihm der Boden unter den Füßen wegsackt oder er mal wieder in einer Sackgasse landet.

Was hilft uns dabei, nicht umzukippen, wenn unsere Toleranzgrenze wirklich erreicht ist? Wie können wir den anderen wieder und wieder annehmen, selbst wenn er mit einem »Ich hab's schon wieder verpatzt« kommt und wir vor Frustration und Wut am liebsten schreien würden? Wir können uns an Jesus halten, der mit seiner Kraft immer für uns da ist. Von ihm können wir lernen, »sieben mal sieben Mal« zu vergeben. Jesus will uns helfen, einen neuen Blick zu bekommen und den Glauben an das Beste im anderen wiederzufinden – in dem Bewusstsein, dass bei jedem Menschen ein »wieder verpatzt« schon hinter der nächsten Ecke lauern kann.

Als ich mitten in einer schwierigen Phase versuchte, einen Weg aus einer unübersichtlichen Notlage zu finden, machte ich jeden Tag Hunderte von Fehlern. Zumindest kam es mir so vor. Nichts hatte ich mehr im Griff, und manchmal war mir alles so egal, dass ich nicht einmal den Versuch machte, mein Leben wieder auf die Reihe zu bekommen. Aber ich hatte mehrere Freundinnen, die mir immer wieder drei wichtige Worte sagten: »Ist schon gut.« Sie setzten sich einfach zu mir, »strichen mir übers Gefieder« und »fütterten mich mit Brot«. Immer waren sie da, um sich in liebevoller Sorge um mich zu kümmern und mich anzunehmen, egal, was war. Sie glaubten an mich, auch wenn ich nicht mehr an mich glauben konnte. Vorsichtig und sanft zeigten sie mir, worum es gerade ging. Sie bedrängten mich nicht dabei, sondern machten mir Mut weiterzugehen, sobald ich dazu bereit war.

Manchmal, wenn es aussah, als würde ich es nicht schaffen, waren sie traurig. Doch ihre stete Bereitschaft, mich anzunehmen, gaben sie nicht auf. Sie blieben und blieben und blieben. Sie sind immer noch da. Es sind Freundinnen, die ich mein ganzes Leben lang nicht missen möchte.

Grenzenlose Liebe

Wie Gott uns annimmt, übersteigt alles, was wir tun oder sind. Gottes Annahme hängt nicht davon ab, wo oder mit wem wir zusammen sind.

Jesus fordert uns dazu auf, die linke Backe hinzuhalten, wenn uns jemand auf die rechte geschlagen hat, den Mantel dem zu lassen, der schon den Rock genommen hat, und zwei Meilen mit dem zu gehen, der uns schon zu einer genötigt hat (Matthäus 5,39-41).

Zwar trete ich bestimmt nicht dafür ein, bei jedem Schlag einfach stillzuhalten. Hin und wieder halte ich jedoch die andere Backe hin, besonders bei meinen Kindern, um ihnen damit etwas zu zeigen. Jesus sagt uns, dass wir um des Evangeliums willen, um ein höheres Ziel zu erreichen, selbst etwas opfern können. So, wie er es getan hat.

Warum erweitern wir unsere Welt nicht über das Prinzip des Notwendigen hinaus, das in unseren Kirchen herrscht? Warum reißen wir unsere Kirchentüren nicht weit auf und laden die Menschen ein, auf die wir bisher nur mit Verachtung blicken? Was ist mit Homosexuellen, Obdachlosen oder Drogensüchtigen? Wagen wir es, sie einzuladen? Sie würden zwar nicht kommen. Unsere selbstgerechten Darstellungen und öffentlichen Skandale der letzten Jahre haben sie dazu gebracht, genauso viel Angst vor den Christen zu haben wie die Christen vor ihnen.

Andere anzunehmen heißt auch, dass wir Dinge opfern müssen, die uns lieb geworden sind – unseren guten Ruf, unser Bedürfnis nach Anerkennung oder unsere Sicherheit, um nur ein paar zu nennen. Wenn wir in gewissen Situationen nicht verurteilen, sondern annehmen, riskieren wir, missverstanden oder vielleicht selbst verurteilt zu werden.

Jesus passierte das. Die selbstgerechten Pharisäer wollten wissen, warum er sich zu den Kollaborateuren und »Sündern«

setzte. Jesus antwortete: »Nicht die Gesunden brauchen den Arzt, sondern die Kranken« (Matthäus 9,10-12). Wir gehören alle zu den Kranken. Und Jesus schämt sich nicht, mit uns gesehen zu werden, sich zu uns zu setzen und uns so anzunehmen, wie wir sind - mit unseren Sünden.

Judas Ischariot war nicht nur ein Sünder (wie die anderen elf Jünger), sondern auch noch ein Verräter. Wie reagierte Jesus auf ihn? Er wusch ihm wie den anderen Jüngern die Füße! Jesus wartete damit nicht so lange, bis Judas das Obergemach verlassen hatte, um sie ihm nicht waschen zu müssen! (Johannes 13)

Was dachte Jesus wohl, als er vor seinem Verräter kniete und dessen sandigen Fuß vorsichtig in die Hand nahm? Wie muss ihm das Herz weh getan haben, als er erkannte, was sein Jünger mit ihm vorhatte!

Jesus ging weit über die gewöhnliche Toleranz hinaus. Er nahm Judas an - vor, während und nach dem Verrat. Er nannte ihn sogar »Freund«, als er von ihm verraten wurde (Matthäus 26,50).

Grenzenloser Glaube

Die Entenmutter glaubte an ihr hässliches Entenküken, und nur, weil es ihr Kind war, wie sie dachte. Wie sehr brauchen wir alle jemanden, der das Beste von uns glaubt, besonders, wenn wir uns ganz anders benehmen! Loyalität gegenüber unseren Freunden muss nicht bedeuten, dass wir sie nicht auch eines schlechten Verhaltens für fähig halten. Es heißt aber, dass wir an ihre Entwicklung zum »Schwan« glauben. Denn wenn wir anderen nur unsere Hässliche-Entenküken-Seite zeigen, dann brauchen wir jemanden, der trotz allem noch an die Seite des Schwans in uns glaubt.

Häufig verhalten wir uns so, wie andere es von uns erwarten, sei es in positiver oder negativer Richtung. Ich bin so oft als »rebellisch« bezeichnet worden, dass schon allein das Wort ein solches Verhalten in mir auslösen kann. Doch kürzlich erhielt ich das Lob, die richtige Person für eine Vorreiterrolle zu sein; jemand glaubte an mich und entdeckte diesen Charakterzug an mir. Es ist wirklich erstaunlich, was dieses Lob für mein Selbstbild bedeutet. Denn jetzt erkenne ich, dass vieles von dieser Eigenschaft einer Initiatorin auch als rebellisch ausgelegt werden kann. Damit will ich nicht sagen, dass ich nicht hin und wieder wirklich ein rebellisches Verhalten an den Tag lege, aber wer außer Gott kann wirklich die Motive und Einstellungen meines Herzens beurteilen?

Ich brauche Menschen, die mich nicht nach meinem äußeren Verhalten beurteilen, sondern an mein Herz glauben, in dem es Mut und Entschlossenheit gibt und wo die Entwicklung zum »Schwan« schon begonnen hat.

Aufopferndes Verhalten

Nach meiner Scheidung ging ich eine Beziehung mit einem Mann namens Jerry ein. An einem Abend, als unsere leidenschaftlichen Gefühle außer Kontrolle zu geraten drohten, brachte Jerry für mich ein Opfer. Wir hatten vorher schon über das Thema Sex außerhalb der Ehe geredet. Jerrys Grundsätze waren nicht so streng wie meine, aber bisher hatten wir uns immer zurückgehalten. Jerry hatte mich nie gedrängt, nur konnte ich mir nicht ganz erklären warum. Wie die meisten Frauen glaubte ich, dass Männer sowieso nur das Eine wollten.

»Würdest du mit mir schlafen, wenn ich dich danach fragen würde?«, dachte ich laut.

»Nein.«

»Nein?«, wiederholte ich und fühlte mich etwas zurückgewiesen. »Warum nicht?«

»Weil ich dich kenne. Ich weiß, wie du dich hinterher fühlen würdest, und ich möchte dir diesen Schmerz ersparen.«

Jerry, ein Mann mit allen leidenschaftlichen Gefühlen, hatte seine eigenen sexuellen Wünsche geopfert, weil er meine Herzenseinstellung kannte und mich damit angenommen hatte. Und das auch in einem Moment, wo meine körperlichen Gefühle eine ganz andere Botschaft aussandten. Als wir unsere Beziehung beendeten, konnte ich mit Würde und einem intakten Selbstwertgefühl gehen - ganz anders, als wenn Jerry an diesem Abend kein Opfer für mich gebracht hätte.

Risikobereitschaft

Ist jemand für Sie schon einmal ein Risiko eingegangen? Wie war das für Sie? Wenn jemand sich für mich bereit erklärt, einen Verlust, einen Schaden oder eine Verletzung hinzunehmen, dann bedeutet mir das viel.

Wenn wir uns gegenseitig bedingungslos annehmen, riskieren wir es, missverstanden zu werden. Die Menschen wunderten sich über Jesus wegen der Leute, mit denen er sich zeigte.

Manche Menschen würden sich vielleicht wundern, wenn Sie sich mit mir zeigten - besonders, wenn ich einen meiner bösen Scherze getrieben hätte, für die ich in der Vergangenheit bekannt war. Oder wenn ich einen meiner typischen, schonungslos ehrlichen Sätze losgelassen hätte, die mich immer wieder in Schwierigkeiten bringen. Dann könnten andere meinen, Sie dächten auch so wie ich. Dieses Risiko müssten Sie auf sich nehmen.

Bedingungslose Annahme trägt das Risiko des Unbekannten in sich. Wenn wir uns dafür entscheiden, uns gegenseitig anzunehmen, ohne uns genau zu kennen, dann warten vielleicht einige Überraschungen auf uns, die es in sich haben. Aber je mehr wir uns gegenseitig annehmen, desto mehr wird das Vertrauen zueinander wachsen, umso mehr werden wir uns öffnen und umso mehr wird sich unsere Welt erweitern.

Wenn wir lernen, andere anzunehmen, nehmen wir nicht nur einmal ein Risiko auf uns. Wir tun es wieder und wieder. Ich tue es für Sie und Sie für mich. Jemanden anzunehmen heißt einfach, sein Freund zu sein – ein Freund, der keine Grenzen aufrichtet, keine Fragen stellt und keine Erklärungen braucht. John Fisher schreibt über einen solchen Freund, wie Jesus es war (und ist):

> »Wenn Jesus diese Welt nicht verdammt hat, warum sollten wir es tun?
>
> Jesus wurde sogar als ›Freund der Sünder‹ bezeichnet. Und das, obwohl er sündlos war. Wenn jemand das Recht hatte, sich ›Heiliger‹ zu nennen, dann war er es; und wenn sich jemand in seiner Gegenwart hätte verdammt fühlen müssen, dann waren es die ›Sünder‹ – besonders Sünder wie die Prostituierten oder die gewissenlosen Zöllner. Diese Menschen fanden jedoch in ihm einen Freund; so demütig war er als Menschensohn.
>
> Es wird Zeit für uns Christen, dass wir uns wieder der menschlichen Rasse anschließen, dass wir uns unserer eigenen Menschlichkeit bewusst werden und unsere Freunde in der Welt wieder mit Barmherzigkeit betrachten. Unsere Gemeinsamkeit mit der Welt ist unser Menschsein. Wir haben keine Flügel, wir leuchten auch nicht im Dunkeln, aber wir kennen den, der uns vergibt und uns Hoffnung schenkt.«

Das hässliche Entchen braucht einen Freund. So wie Sie. Und wie ich. Jesus sagte: »Das ist mein Gebot, dass ihr euch untereinander liebt, wie ich euch liebe. Niemand hat größere Liebe als die, dass er sein Leben lässt für seine Freunde« (Johannes 15,12-13). Der Menschensohn hat sein Leben gegeben. Jetzt ist es an uns. Auch wir haben die Möglichkeit, unser Leben zu geben, wenn wir andere annehmen und unsere eigene Welt für die hässlichen Entenküken in unserer Umgebung öffnen. Der nächste Schritt ist der Sprung in den Teich. Können wir schwimmen?

3. Der Sprung ins Wasser

Am nächsten Tag war ein herrliches, wunderbares Wetter; die Sonne schien auf all die grünen Huflattichstauden. Die Entenmutter mit ihrer ganzen Familie erschien unten am Kanal: platsch! sprang sie ins Wasser. »Raab! Raab!«, sagte sie, und ein Junges nach dem anderen plumpste hinterdrein; das Wasser schlug über ihren Köpfen zusammen, aber sie kamen gleich wieder hoch und schwammen ganz wunderschön; die Beine gingen von selber, und alle waren sie draußen, sogar das hässliche graue Junge schwamm mit.

Die einzigen Entenküken, die es bis zum Schwan schaffen, sind die Küken, die sich ins Wasser trauen. Wäre das hässliche Entchen am Ufer geblieben, hätte es nie die Freude am Schwimmen kennen gelernt und nie gemerkt, dass es sogar gut schwimmen kann. Wäre es nie ins Wasser gesprungen, wäre es allerdings vielleicht auch nie in den Entenhof gekommen und verletzt worden. Vielleicht wäre es dann immer noch am sicheren Ufer. Sicher, aber allein.

Wenn wir unsere Lieben am Ufer stehen sehen, haben wir die Wahl: Drängen wir sie dazu oder nicht? Bleiben wir lieber rufend am sicheren Ufer stehen oder springen wir ebenfalls ins Wasser und lassen wir uns auf ihre Entdeckungen ein?

Das ist ein Risiko! Wenn wir uns ihnen anschließen, wissen wir nicht, wo wir hinkommen. Vielleicht wird sich Einiges weit weg von der Bequemlichkeit unserer Gemeinde, unseres Bibelkreises oder unseres Zuhauses abspielen. Vielleicht kommen wir in den »Entenhof«, wo man uns herumstößt und nach uns hackt, nur, weil wir in Gesellschaft eines hässlichen Entenkükens sind. Sich gegenseitig anzunehmen und die Entwicklung zum »Schwan« im anderen zu fördern, bestimmt entscheidend mit, wie wir wachsen und wie wir unsere Beziehungen pflegen – oder ob wir überhaupt wachsen und Beziehungen haben.

Aber es ist wichtig, bevor wir ein hässliches Entenküken beim Schwimmen im Teich begleiten, die Kosten zu überdenken. Es ist wichtig, weil wir vielleicht noch nie vorher im Wasser gewesen sind. Können wir schwimmen?

Ja, es ist ein risikoreiches Unternehmen. Viel steht auf dem Spiel. Aber wenn wir uns selbst und andere wirklich annehmen wollen, müssen wir den Sprung wagen. Wenn wir der Mensch werden wollen, den Gott schon in uns sieht, sollten wir nicht stehen bleiben.

Heilung schenken

»Annahme« war in meinem Leben kein besonderes Thema, bis ich nach dreizehn Jahren Ehe vor der Scheidung stand. Plötzlich befand ich mich in einer Lage, in der viele Menschen um mich herum, besonders die Christen, sich unbehaglich fühlten. Wie ich damit fertig werden wollte – und nicht fertig wurde –, beunruhigte sie nur noch mehr. Mich auch.

In gewissem Sinn war meine Scheidung der Sprung ins Wasser. Als hässliches Entchen geboren, hatte ich nie versucht zu schwimmen. Es war auch nie nötig gewesen. Auch hatte ich meine Hässliche-Entenküken-Seite meistens verbergen können. Doch zum Zeitpunkt meiner Scheidung kam alles ans Licht. Vielleicht hätte ich sogar schwimmen können, aber mehr denn je war ich mir bewusst, dass ich anders war als die anderen.

Heute weiß ich, dass der Kernpunkt nicht meine Scheidung war. Die Scheidung machte mich nicht zum hässlichen Entenküken – sie trug nur dazu bei, dass die Hässlichkeit der Sünde zum Vorschein kam. Doch leider konzentrierte ich mich mehr und mehr auf meine Scheidung und zwang auch andere dazu, es mir gleichzutun. Ich begann, mich zu verurteilen, und verinnerlichte das Urteil der anderen, die mich nicht verstanden. Dann fragte ich mich: *Was denkt Gott wohl über all das?*

Gefangen im Strudel verwirrender Meinungen über meine unglückliche Situation, wartete ich darauf, dass etwas passierte. Entweder würde Gott mich mit Krebs oder einer anderen tödlichen Krankheit strafen, oder er würde durch den Leib Christi - die Gemeinde - seine Zustimmung zu meiner Scheidung geben.

Nichts von beidem geschah - zumindest nicht sofort. Manchmal denke ich, dass eine Krankheit vielleicht ein Segen gewesen wäre - weniger schmerzvoll als das Leid, das ich während der nächsten Monate durchmachte und das ich mir zum großen Teil selbst einbrockte.

Ich spürte zwar, dass einige Leute mich annehmen und unterstützen wollten. Sie hatten aber Angst davor, in den Ruf zu kommen, Scheidung allgemein gutzuheißen. Deswegen distanzierten sie sich trotz ihrer guten Absichten von mir. Sie blieben am sicheren Ufer.

In Todesangst schwamm ich um mein Leben. Die Kluft wurde immer größer, und es gab bald keine Verbindung mehr zwischen uns. Schließlich zog ich es vor, überhaupt nicht mehr zum Ufer zurückzublicken, um den Schmerz der Zurückweisung nicht zu spüren. Jede Hoffnung, dass jemand vom Ufer mir ins Wasser folgen würde, war vergangen.

»Wer braucht euch schon?«, rief ich scheinbar gleichgültig über die Schulter, als ich mich auf den langen, gefährlichen und einsamen Weg machte, der mich von der Gemeinde Jesu wegführte. Ich hätte sie gebraucht, aber das wollte ich um keinen Preis zugeben, weder vor mir selbst, noch vor sonst jemandem. Nicht einmal vor Gott. Das Auseinanderdriften der beiden Seiten unterbrach den Heilungsprozess Gottes, sein erlösendes Werk, das er in meinem Leben tun wollte. Der Stachel der Ablehnung (wirklich oder nur eingebildet, verdient oder unverdient) kann schnell zerstörerisch werden. Bevor wir uns um Gottes Blickwinkel bemühen, schwimmen wir lieber so schnell wie möglich voreinander weg.

Dr. Larry Crabb nennt das Selbstschutz:

> ». . . jeder entwickelt seinen Stil, Beziehungen aufzubauen, die die Erfahrung eines tiefen, persönlichen Schmerzes umgehen – und das ist die Sünde des Selbstschutzes.
>
> . . . Der Wunsch nach Selbstschutz wird dort Sünde, wo unser legitimer Wunsch, nicht verletzt zu werden, stärker wird als der Wille, sich mit anderen in liebevoller Weise einzulassen. Wenn dieser Wunsch nach Selbstschutz unsere Bereitschaft, auf andere zuzugehen und dabei ihr Wohl im Blick zu haben, stört, wird das Gesetz der Liebe gebrochen.«

Wenn wir denken, wir könnten uns vor diesen »gemeinen, hässlichen Entenküken« schützen, deren einziges Ziel im Leben es anscheinend ist, uns Not zu bereiten, sperren wir uns selbst in die Dunkelheit und Isolation unserer eigenen Seele. Meine Seele war zu diesem Zeitpunkt ein gefährlicher Zufluchtsort. Was hätte den Abstieg in die tiefen, dunklen Gänge verhindern können?

Keith Miller zeigt in seinem Buch *Sin, the Ultimate Deadly Addiction (Sünde – die letzte, tödliche Sucht),* wie Gott den Leib Christi gebrauchen will, damit Heilung stattfinden kann:

> »Und die Gemeinde kam zu der Erkenntnis: Christen können nur dann die heilende Vergebung, die sie brauchen, empfangen, wenn sie ehrlich die Verhaltensweisen erkennen, die von ihrer Sünde herrühren, wenn sie sie in der Gemeinschaft offen bekennen, um Vergebung bitten und sich auf jede erdenkliche Art um Wiedergutmachung bemühen. Auf diese Weise reinigt Gott immer wieder die Gedanken der Menschen von ihren Sünden, so ähnlich, wie man eine Tafel säubert.
>
> . . . Der innere Konflikt war vorüber, und Christen, die Vergebung erlangt hatten, waren von Gott, von ihren Brüdern und Schwestern in Christus angenommen und konnten ja zu sich sagen. Sie mussten nicht vor ihren Sünden,

ihrer Angst und ihrem Schmerz davonlaufen. Sie hatten sie bekannt und die Vergebung Gottes und die Liebe der Gemeinschaft erhalten. Jetzt fühlten sie sich wieder frei, konnten tief durchatmen und einen weiteren Tag lang leben und lieben.«

Was ebnete in der neutestamentlichen Gemeinde den Weg für Sünder wie Sie und mich, ihre Sünden zuzugeben, sie zu bekennen, Vergebung zu empfangen und an den Menschen die Verletzungen wieder gutzumachen, die sie durch ihr Verhalten verursacht hatten? *Die Bereitschaft der Gemeinde, sie anzunehmen.*

Diese Bereitschaft ist für den Heilungsprozess entscheidend wichtig. Wir müssen erfahren, dass unsere Hässlichkeit angenommen und nicht wie anderswo üblich zurückgewiesen wird, wenn wir sie jemals überwinden wollen. Erst wenn wir jemanden sagen hören: »Also, du bist eben ein ›hässliches Entenküken‹. Aber das sind wir alle. Sehen wir lieber auf das, was wir werden können – ›Schwäne‹« – erst da kann unsere Heilung beginnen. Damit meine ich eine Heilung, die wir wegen der zerstörerischen Kraft der Sünde immer wieder brauchen.

Ein Ort der Geborgenheit

Ein sicherer Raum gibt uns die Freiheit zu »schwimmen«, wie Gott es für uns gedacht hat – wir dürfen wir selbst sein, unsere Sünden und Schwachen bekennen, frei von Angst vor Verurteilung oder Spott. Es ist ein Raum, an dem die Liebe Geborgenheit, Schutz und Befreiung schenkt.

Ein Grund, warum ich in meiner Ehe nicht wachsen konnte, war, dass ich so einen Raum nicht hatte. Statt mir zur Seite zu stehen und mir im Wachstum zu helfen, kritisierte mich mein früherer Mann immer wieder, weil ich die Bibel angeblich nicht ausreichend kannte.

Ich begann, mich zurückzuziehen. Wenn meine Ehe nicht der sichere Raum war, wo ich Fehler machen konnte, um daraus zu lernen und zu wachsen - wo war er dann? Schließlich gab ich jeden Versuch auf.

Das Tragische an meiner Situation war: Weil ich Gott und meinen Ehemann in gewissem Sinn gleichsetzte, fand ich in Gott auch keine Sicherheit mehr.

Doch in Wahrheit ist bei Gott immer ein sicherer Raum. In Psalm 32,7 steht: »Du bist mein Schirm (Zufluchtsort); du wirst mich vor Angst behüten, dass ich errettet gar fröhlich rühmen kann.«

Gott war für König David, der diesen Psalm geschrieben hat, ein sicherer Raum; König David, der, wie er von sich selbst sagt, ein großer Sünder war. Gott ändert sich nicht. Er ist auch für uns ein schützender Raum.

Manchmal ist Gott sogar der einzig sichere Raum, den wir überhaupt haben. Doch Gott will, dass wir uns auch gegenseitig einen sicheren Raum bieten. Gottes Heiliger Geist, der in uns wohnt, macht das möglich.

Den Schlüssel dazu finden wir im Gleichnis Jesu vom Pharisäer und Zöllner. Der Pharisäer dankte Gott dafür, dass er nicht »wie die anderen Leute« sei, wie »Räuber, Ungerechte, Ehebrecher, oder auch wie dieser Zöllner«. Der Zöllner hingegen wagte es nicht einmal, den Blick zu erheben, sondern schlug sich an die Brust und sagte: »Gott, sei mir Sünder gnädig.« (Lukas 18,9-13)

Wir können nicht die Hässlichkeit des anderen annehmen, wenn wir unsere eigene verleugnen. Erst wenn wir unser Pharisäertum erkennen, werden wir zu einem schützenden Raum für andere Sünder. Deshalb wollen wir Gott um seine Barmherzigkeit anflehen.

Menschen annehmen

Wenn es nicht zum Weinen wäre, würde ich oft darüber lachen, wie intolerant ich häufig gegenüber anderen bin, während ich selbst ihre Anerkennung so dringend brauche.

Ich weiß es ja – die »hässlichen Entenküken« sind es wert, angenommen zu werden, egal, wo sie gerade in ihrer Entwicklung zum »Schwan« stehen. Aber manche Verhaltensweisen kann ich einfach nicht ausstehen. Es gibt einfach eine Reihe von Eigenschaften, die mich anziehen, und einige, die mich abstoßen.

Ich erinnere mich besonders an eine Frau, mit deren Entwicklung zum »Schwan« ich besondere Schwierigkeiten hatte. Sie war meine Arbeitskollegin und konnte sich manchmal unmöglich aufführen. Einmal ging sie nach der Arbeit nach Hause und war auf alle sauer. Als sie am nächsten Tag wiederkam, riss sie die Tür auf und rief: »Guten Morgen, Vietnam!« (Der Vietnamkrieg war gerade erst beendet worden.)

Für den restlichen Tag war sie Luft für mich.

Ein anderes Beispiel ist eine Bekannte, die sich immer auf andere verlässt. Eines Tages blieb ihr Auto stehen, weil sie kein Benzin mehr hatte. Anstatt auszusteigen und zur nächsten Tankstelle zu gehen, blieb sie im Auto sitzen und betete, dass ihr Mann oder ein Bekannter vorbeikommen und sie retten sollte. (Ausgerechnet ich war diejenige, die sie dort fand! Angeblich war ich ihre Gebetserhörung, aber trotzdem konnte ich mir nur die Haare raufen.)

»Was passiert, wenn in unserer Kirchengemeinde jemand eine Schwäche zeigt? Sofort fallen die anderen Gemeindemitglieder über ihn her, um ihn zurechtzuweisen. Egal, was zu unserer Liste der ›ablehnungswürdigen Eigenschaften‹ gehört, wir machen uns sofort daran, gewissen Menschen Verhaltensrichtlinien aufzuzeigen, damit sie Gott angenehmer werden. In Wirklichkeit geht es uns jedoch darum, sie uns angenehmer zu machen.« (Luci Swindoll)

Es ist wirklich lächerlich, wenn wir meinen, ob wir andere annehmen, müsse davon abhängen, was wir im Moment als falsch oder richtig ansehen. Diese Vorstellungen werden zudem oft nicht von der Bibel, sondern von gesellschaftlichen oder kulturellen Trends beeinflusst. Während wir am Ufer stehen, jedes hässliche Entenküken mustern und uns überlegen, ob wir seine Mängel akzeptieren können oder nicht, werden diese Entenküken immer kleiner und kleiner, weil sie von uns wegschwimmen.

Unsere Bereitschaft zur Annahme sollte nur von einem Kriterium bestimmt werden: »Jetzt aber in Christus seid ihr, die ihr vormals Ferne gewesen wart, Nahe geworden durch das Blut Christi« (Epheser 2,13). Später schreibt Paulus in demselben Brief an die Epheser: »In ihm haben wir Freimut und Zugang in aller Zuversicht durch den Glauben« (3,12).

Hört sich das so an, als ob Gott unser Verhalten und unseren Lebensstil zuerst genau überprüft, bevor er sich für Annahme oder Ablehnung entscheidet? Ganz und gar nicht. Gott nimmt uns aus zwei Gründen an: Weil Jesus sein Blut für uns vergossen hat und weil wir an ihn glauben. Wenn Gott uns annimmt, sollten wir uns dann nicht auch gegenseitig annehmen?

Aufrichtigkeit möglich machen

Ich erinnere mich, wie ich eines Tages mit einer Freundin sprach und ihr von dem seelischen Missbrauch in meiner Ehe erzählen wollte. Ich war erst kurz davor geschieden worden und brauchte jemanden, dem ich meine traumatischen Erlebnisse anvertrauen konnte.

»Er hat die Bibel wie einen Hammer gebraucht«, sagte ich ihr. (Erster Schritt)

»Das tut mir leid. Wie schrecklich.«

»Jetzt jagt mir die Bibel fast Angst ein.« (Zweiter Schritt)

»Das kann ich verstehen. So, wie du sie jetzt empfindest, fühlst du dich von ihr verurteilt.«

So weit war es gut gegangen. »Ich lese die Bibel im Moment nicht. Manchmal kann ich nicht einmal mehr in den Gottesdienst gehen . . .« (Dritter Schritt)

»Heilung braucht Zeit. Gib dir selbst diese Zeit.«

Durch ihre liebevolle Reaktion konnte ich immer aufrichtiger werden. Wo bedingungslose Liebe und Annahme herrscht, können wir voreinander unsere Seele aufdecken, auch die hässlichen Seiten. Und das ist der erste Schritt zur Heilung.

Hat man jedoch schon mehrfach seine Seele offenbart, Ängste, Wünsche, Sünden, Schwächen usw. ausgesprochen und ist man daraufhin verurteilt und bestraft worden, wird man es nicht noch einmal versuchen.

In diesem Bereich bin ich vielleicht misstrauisch geworden. Ich überlege mir gut, was ich wem in aller Aufrichtigkeit erzähle. Nicht, dass ich etwas zu verbergen hätte, aber ich bin schon zu oft missverstanden worden. Die Freundin, die ich eben erwähnt habe, gehört zu den Ausnahmen. Es ist eher selten, dass ich jemanden treffe, der sein Urteil zurückhält und mich erst einmal so, wie ich bin, akzeptiert. Das ist dann ein Mensch, der sich darüber freut, wenn dieses »Entenküken« versucht, ins Wasser zu springen, ohne dass er wissen muss, warum es springt und wo es hinschwimmen will.

Wünschen wir uns nicht alle Beziehungen, in denen wir ehrlich sein können? Oder wollen wir bestimmte Bereiche unseres Lebens voreinander verstecken, aus Angst vor Verurteilung, Ablehnung oder Bestrafung? Der Grad der Aufrichtigkeit, mit dem uns Menschen begegnen, hängt direkt davon ab, wie viel Bereitschaft zur Annahme wir signalisieren.

Gottes Treue zu uns Sündern lässt unsere Bereitschaft, andere Sünder anzunehmen, mehr und mehr wachsen. Diese Menschen können es dann wiederum riskieren, eine immer ehrlichere Beziehung zu uns aufzubauen. Wir brauchen einander.

Bindungen

Wahre Annahme bindet uns eng zusammen und schafft eine Einheit, die, einmal zusammengeschweißt, nicht mehr so leicht aufzubrechen ist. Man sollte deshalb meinen, dass unser gemeinsames Menschsein uns in der Gemeinde vereinen und zusammenbringen sollte. Doch das ist nicht unbedingt so – besonders, wenn andere »Entenküken« um uns herum ein ziemlich geordnetes Leben zu führen scheinen, während unseres im Chaos versinkt.

Unsere Zugehörigkeit zum Leib Christi soll uns helfen, das ungute Gefühl der Trennung abzuschütteln und Anschluss an die Gemeinschaft zu finden. Aber leider klappt das nicht immer. Vielleicht fangen wir an, über unsere Gefühle zu sprechen, in der Hoffnung auf Bestätigung und Anerkennung, und erhalten stattdessen einen verständnislosen Blick, der uns die unterschiedlichsten Botschaften vermittelt: »Reiß dich zusammen.« »So schlimm kann's doch gar nicht sein.« »Überlege mal, für was du alles dankbar sein kannst.« Manchmal, wenn der Schmerz so groß wird, dass wir nicht einmal darüber reden können, bewegen wir uns allmählich weg und isolieren uns willentlich von einer Gemeinschaft, die uns Heilung bringen könnte.

Wer ist daran schuld? Normalerweise liegt es an beiden Seiten. Aber wenn wir andere nicht annehmen und selbst nicht angenommen werden, bewegen wir uns immer weiter voneinander weg.

Kürzlich saß ich der Leiterin einer internationalen christlichen Bewegung gegenüber und sprach offen über eine große Furcht, die ich in meiner Beziehung zu Gott verspürte. »Es war furchtbar, als diese panische Angst plötzlich in mir auftauchte«, versuchte ich zu erklären. »Ich weiß, dass es eigentlich eine völlig irrationale Angst ist . . .«

Langsam kam ich mir dumm vor, dass ich so etwas fühlte, ganz zu schweigen davon, dass ich es auch noch aussprach.

Weil Jane eine geisterfüllte Frau ist, hätte sie sagen können: »In der Bibel steht: ›Völlige Liebe treibt die Angst aus.‹ Du musst in dieser Liebe vollkommen werden.« Oder sie hätte sagen können: »Fünf Jahre kämpfst du jetzt schon mit diesem Problem. Glaubst du nicht, dass es langsam an der Zeit ist . . .?« Und da mein Problem eine praktische Lösung verlangte, hätte sie mir auch den Rat geben können: »Du musst dich deiner Angst stellen. Gib nicht so schnell auf.«

Alle diese Worte hätten ein Stück Wahrheit enthalten, und zu einem gewissen Zeitpunkt wären sie mir auch hilfreich gewesen, um meine Angst rational zu ergründen. Aber zunächst war es wichtig, dass meine Angst als solche erkannt und als Gefühl ernst genommen wurde.

Ich werde immer in ihrer Schuld stehen, denn genauso reagierte diese Frau. Sie sagte zunächst einmal gar nichts. Stattdessen hörte sie zu, nickte und akzeptierte meine Gefühle. Der schmerzliche Ausdruck auf ihrem Gesicht zeigte mir, dass sie meine Angst nachfühlte und mit mir mitlitt. Ihre nächsten Worte waren: »Also, als ich diese Angst hatte, da . . .«

Sie identifizierte sich mit mir. Jetzt war eine tiefe Verbindung geschaffen. Nie werde ich mehr zögern, mit ihr über meine Angst zu sprechen.

Gott loben

Paulus ermahnt die Leser im Römerbrief: »Nehmt einander an, wie Christus euch angenommen hat« mit der Begründung ». . . zu Gottes Lob« (Römer 15,7). Wie führt unsere Bereitschaft, andere anzunehmen, zum Lob Gottes? Paulus schrieb diese Worte nach einer langen Aufzählung von Warnungen vor dem »Richtgeist« in Kapitel 14. Er sprach über die verschiedenen Möglichkeiten, die Feiertage zu heiligen oder Wein und Speisen zu sich zu nehmen. Können Sie sich vorstellen, welches

Wirrwarr an Lehren es über diese Fragen zur neutestamentlichen Zeit gab? Es entstand durch die vielen verschiedenen Gruppen von Menschen, die Nachfolger Jesu Christi geworden waren – Juden und Heiden ganz verschiedener Traditionen.

Wir haben heute eine ähnliche Situation. Zu jeder Frage gibt es mindestens zwei extrem unterschiedliche Meinungen, und zu jedem Extrem gibt es eine Gruppe von Christen, die behauptet, alleinigen Anspruch auf die Wahrheit zu haben. Und jede Gruppe kann auf die Heilige Schrift verweisen und »ihre« Wahrheit mit einem Bibelwort untermauern. Unsere Lieblingsgrundsätze können völlig harmlos sein, außer, wir hämmern damit auf andere ein und bestehen starrsinnig darauf, dass diese unsere Meinung übernehmen sollen.

Natürlich beeinflussen unsere Glaubensanschauungen unsere Gefühle und Handlungen und bewirken vielleicht einen Lebensstil, der sich von dem unseres Nachbarn stark unterscheidet und große Probleme schaffen kann. Solche Konflikte lassen sich nicht verbergen und wirken auf Außenstehende wie ein Zirkus, in dem Jongleure, Clowns und Akrobaten zur gleichen Zeit ein völlig unterschiedliches Programm vorführen. So eine Vorstellung mag vielleicht ganz unterhaltend sein, aber sie trägt sicher nicht zu Gottes Lob bei.

Ich bin mir nicht sicher, ob es in vielen dieser Fragen eine falsche oder richtige Glaubenshaltung gibt, und ob Gott diese Haltungen genauso wichtig nimmt wie unsere Beziehung zu ihm und zu unseren Nächsten. Die zwei wichtigsten Gebote, »Liebe den Herrn, deinen Gott, von ganzem Herzen, von ganzer Seele und von ganzem Gemüt« und »Liebe deinen Nächsten wie dich selbst« (Matthäus 22,37-39), haben jedenfalls mit Beziehungen und nicht mit Überzeugungen zu tun.

Unsere Liebe zueinander, die zu einer gegenseitigen Annahme führt, dient zum Lob Gottes und zeigt der Welt, dass wir seine Jünger sind (Johannes 13,35).

Deshalb müssen wir nicht alle Nase lang einer Meinung sein.

Das meiste, was ich über gegenseitige Annahme weiß, habe ich von meiner Freundin Barb gelernt. Wir sind so verschieden, wie zwei Menschen nur sein können. Doch vor einigen Jahren haben wir gelernt, die andere nicht immer ändern zu wollen. Jetzt ergänzen wir uns wunderbar und freuen uns an unseren unterschiedlichen Gaben.

Wir gehen liebend gerne miteinander einkaufen, sei es in Geschenkläden, Musikgeschäften oder Buchhandlungen. Dabei gehört es dazu, dass wir uns gegenseitig ohne Rücksicht auf Verluste wegen unseres unterschiedlichen Geschmacks aufziehen. Oft amüsieren wir damit sogar das Verkaufspersonal.

»Sie scheinen sich ja richtig gut zu unterhalten«, sagte zum Beispiel eine Verkäuferin, und in ihrer Stimme lag sogar eine gewisse Sehnsucht. Jeder wünscht sich einen engen Freund oder eine Freundin, einen guten Kameraden, wo man einfach so sein kann, wie man ist. Ich glaube, dass meine Freundschaft mit Barb das kleine Mädchen in anderen Frauen anspricht. Wir bringen ein paar freudige Augenblicke in den Tag eines anderen, und ich bin auch davon überzeugt, dass unsere gegenseitige Annahme zum Lob Gottes dient. (Ich meine sogar, dass Gott sich über uns amüsiert.)

Ein Zirkus ist gut, wenn man einmal lachen will, aber wenn es um das alltägliche Leben geht, würden Sie sich dann nicht lieber einer Familie anschließen, deren Mitglieder in liebevoller Sorgfalt miteinander umgehen und sich aneinander freuen? Die Welt beobachtet uns als Gemeinde genau. Eine ehrliche, liebevolle Gemeinschaft ist für sie anziehend.

Entweder - oder

Wachsen wir nicht darin, andere anzunehmen, dann wachsen wir darin, sie zu richten und zu verurteilen.

Trifft man ein »hässliches Entenküken«, wie man selbst eins

ist, zum ersten Mal, entscheidet man sich bewusst oder unbewusst, über diese Person entweder zu urteilen oder ihr offen zu begegnen und sie anzunehmen. Das kann von einer ganzen Reihe von Faktoren abhängen: vom äußeren Erscheinungsbild (sind die Federn glatt oder gesträubt?), der Sprache (ist es ein Quaken oder ein Krächzen?), der Persönlichkeit und der Art, ob und wie der andere auf mich reagiert.

Hat man nie die Gelegenheit, diesen Menschen näher kennen zu lernen, wird der erste Eindruck wahrscheinlich für immer bleiben. Lernt man ihn jedoch besser kennen, verstärkt sich entweder die eigene Ablehnung, oder die Bereitschaft zur Annahme wächst. Oft wird unsere Ablehnung in dem Maße schwächer, wie unsere Annahmebereitschaft wächst (und umgekehrt).

Es ist wichtig, dass wir verstehen, was in uns vorgeht, damit wir die Annahme zu unserem Gebet und unserem Ziel machen können. Gott kann unsere richtenden Herzen verändern und uns dabei helfen, dass wir unsere negative Haltung loslassen und aufgeben. Was uns davon abhält, ist die Angst. Wir fürchten uns davor, zu sehr in das Leben des Anderen verwickelt zu werden.

Aber nur dort, wo Menschen sich selbst völlig aufgaben und ganz Gott überließen, damit er durch sie hindurch liebte, habe ich auch tiefe Veränderungen bei Einzelnen und damit in unserer Welt gesehen.

Ist Gott groß genug, um mit unseren Problemen fertig zu werden – Probleme, die entstehen, wenn wir uns ganz auf die Entwicklung des anderen zum »Schwan« einlassen?

Ich erinnere mich an Linda. Nach einem Abend, der eine starke Bindung zwischen uns schuf, band sie sich sehr an mich. (Sie hatte mir mehr über ihre Vergangenheit erzählt als irgendeinem Menschen bisher.) Danach kamen tägliche Anrufe und künstlich aufgebauschte Krisen, um eine Reaktion von mir zu erhalten. Ich merkte, wie ich selbst nach Hunderten von Entschuldigungen und Ausflüchten suchte, um nicht erreichbar zu sein.

Aber trotzdem war mir Linda sehr wichtig. Ich war überzeugt, dass Gott dieses »hässliche Entchen« sein eigenes Spiegelbild des »Schwans« sehen lassen wollte, und ich harrte aus. Zwar wies ich mehr Bitten um Hilfe zurück, als ich annahm, aber wir machten beständige Fortschritte. Heute, ein paar Jahre nach dem Beginn unserer Reise, ist Linda weit gekommen. Sie ist auch nicht mehr in ungesunder Weise von mir abhängig, sondern sucht ihre Sicherheit in Gott.

Investieren wir Zeit und Liebe, kann Gott wirksam durch uns arbeiten. Aber nur, wenn wir ihm vertrauen. Ein wichtiger Grund, der uns hindert, andere anzunehmen, ist unsere Schwierigkeit, *Gott* anzunehmen, unseren Schöpfer, der uns seine Kinder nennt.

4. Jesus liebt die »hässlichen Entchen«

»Nein, das ist kein Puter!«, sagte die Entenmutter. »Sieh mal, wie schön es seine Beine gebraucht, wie gerade es sich hält! Das ist mein eigenes Kind! Im Grunde ist es doch ganz hübsch, wenn man es sich richtig ansieht! . . .«

Vor einiger Zeit ging ich in eine Selbsthilfegruppe, weil ich das Gefühl hatte, für ein persönliches Problem Hilfe von außen zu brauchen. Ich entdeckte, dass viele Teilnehmer der Gruppe nicht an Gott glaubten. Aber sie waren nette Leute. Einige meiner Freundinnen machten sich Sorgen, dass der Unglaube auf mich abfärben würde. Das Gegenteil geschah. Ich war noch nie jemand, der mit seinen Gedanken hinter dem Berg hält, und eines Abends fing ich an, Gott zu verteidigen, nachdem man ihm für das schlechte Verhalten einiger Menschen die Schuld zugeschoben hatte.

»Armer Gott«, stöhnte ich, und noch bevor ich mich zurückhalten konnte, kamen auch die restlichen Worte heraus: »Es ist nicht seine Schuld, dass wir alle so böse und gemein zueinander sind. Er wollte das nicht. Wir haben die Sache vermasselt. Er tut mir Leid. Wie sehr muss er enttäuscht sein . . .« Meine Stimme erstarb.

Alle starrten mich wortlos an, niemand wusste, was er von meinem spontanen Mitleid mit diesem »armen Gott« halten sollte.

Und dann kamen die Reaktionen.

»Ja!«, sagte ein Mann und nickte zustimmend. »Er hat einfach nur 'ne schlechte Presse gekriegt.«

»Stimmt. Und er hat alles auf sich genommen.«

»Traurig.«

Alle sahen sehr nachdenklich aus, als sie überlegten, dass die ganze Misere, in der wir steckten, am Ende doch nicht Gottes

Schuld war. Hat Gott die Schuld auf sich genommen? Was für eine »schlechte Presse« hat er von uns bekommen, weil wir Kriege und Greueltaten darauf zurückführen, dass Gott den Planeten Erde und seine Bewohner im Stich gelassen hat! Gott hat uns die Freiheit gegeben, zu tun, was wir tun wollen, und zu glauben, was wir über ihn glauben wollen. Weil wir »hässliche Entenküken« sind, glauben wir oft nur das Schlimmste. Wer würde denn die Verantwortung für all die schrecklichen Dinge übernehmen, die auf unserer Welt passieren, den Missbrauch an Kindern, die Not, Armut und Obdachlosigkeit? Wenn Gott nicht schuld daran ist, wer dann? Könnte es jemand von uns sein?

Wenn ich mir weh getan habe, suche ich verzweifelt nach jemandem, dem ich die Schuld dafür geben kann. Kennen Sie das auch? Wenn ich mir meinen Zeh stoße, schimpfe ich vielleicht eins meiner Kinder dafür, weil es in einem anderen Zimmer die Musik zu laut aufgedreht hat. In unserer Welt der »hässlichen Entenküken« wird, wenn die wirklich schlimmen Dinge passieren – der Tod eines geliebten Menschen oder sexueller Missbrauch an einem Kind –, Gott logischerweise die Schuld zugeschoben, weil er doch schließlich mächtig genug wäre, so etwas zu verhindern. Wo war er?

Ich persönlich glaube nicht, dass Gott uns den Rücken zudreht, wenn wir verletzt werden. Aber Gott hat uns einen freien Willen gegeben, die Freiheit, sich für Gut und Böse zu entscheiden, zu verletzen oder zu heilen, zu lieben oder zu hassen. Wenn wir unsern freien Willen dazu benutzen, uns gegenseitig umzubringen, können wir Gott nicht die Schuld dafür geben.

Nach meiner Scheidung verleugnete ich jahrelang den Schmerz, den ich als »hässliches Entchen« fühlte. Aber als eine Freundin heiratete, kam mein Problem plötzlich ans Tageslicht. *Wie bitte? Ist sie verrückt geworden?,* war meine Reaktion. Dabei kannte ich sie und ihren zukünftigen Mann gut. Bisher waren sie mir immer gesund und normal erschienen. *Warum wollen sie bloß eine völlig intakte Beziehung ruinieren und heiraten?*

Trotz meines Entsetzens, das ich nur schwer verbergen konnte, ging ich zur Hochzeit. Der Schmerz brachte mich fast um, aber ich versuchte, die Trauung irgendwie zu überstehen. Doch als ich hinterher im Auto saß, brach es aus mir heraus. Jetzt war für Gott die Zeit gekommen, sich mit der Trauer über meine Scheidung zu befassen.

»Mein Gott, er wird ihr so weh tun!«, hörte ich mich selbst rufen. »Was ist, wenn er zu einem Monster wird?« (Wie mein Mann – eine Woche nach unserer Hochzeit hatte er mir wegen irgendeiner Bagatelle mit der Faust auf den Mund geschlagen.) »Ich kann es nicht ertragen, wenn es ihr auch so geht. Nein, nein . . .«

Ich schluchzte und fühlte wieder meinen eigenen Schmerz, doch dann kam mein eigentliches Problem zum Vorschein. »Herr, wie konntest du nur den Mann so stark machen, du wusstest doch, dass er die Frau misshandelt? Und du wusstest, dass die Frau sich nicht wehren kann!«

Als ich jetzt meinen Schmerz herausweinte, spürte ich plötzlich Gottes Arme um mich. Ich merkte, wie mein verschlossenes Herz sich öffnete, und hörte in Gedanken Gottes Worte, dass er den Mann deshalb so stark gemacht habe, damit er für sein Reich arbeiten, für die Wahrheit kämpfen und die Frau führen, schützen und verteidigen könne.

Es gibt viele schwierige Fragen wie: »Warum gibt es das Böse?«, oder: »Wo war Gott, als . . .?« Auch viele Theologen, Schriftsteller und Philosophen haben darüber nachgedacht, aber das Beste fand ich bei M. Scott Peck am Anfang seines Buches *The Road Less Traveled (Der Weg, der kaum gegangen wird):* »Das Leben ist schwierig.« Es wäre am besten, wir würden diese Wahrheit akzeptieren, das Leben mit all unserem Mut anpacken und auch das Leid willkommen heißen.

Die tiefsten Probleme entstehen allerdings, wenn wir Gott alle Schuld zuschieben, um uns herum Mauern aufbauen und in unserem Herzen ein Urteil fällen. Denn so ein Urteil kann mit der Zeit dazu führen, dass wir überhaupt keine liebevolle Beziehung zu unserem Schöpfer finden. Wenn Gott dann sagt, dass wir »seine eigenen Kinder« seien (und schön obendrein!), wollen wir seine Stimme vielleicht gar nicht mehr hören und können uns nicht trösten und aufbauen lassen. Doch Gott ist nicht nur unser Schöpfer und der Erfinder des Universums - er ist auch unser Liebhaber.

Was Gott ist - und was er nicht ist

Gott ist Liebe (1. Johannes 4,16). Wenn dies die einzigen Bibelworte sind, die man wirklich begriffen hat, befindet man sich schon auf dem richtigen Weg, um Gott zu verstehen.

Ich weiß, dass Gott mich liebte, als mein Verhalten sich so verschlimmerte, dass er eigentlich allen Grund gehabt hätte, sehr böse auf mich zu sein. Viele Menschen waren wütend auf mich. Es war fast so, als ob jemand meinen Knopf für nettes Verhalten zu oft gedrückt hätte, und jetzt spielte die ganze Maschine verrückt. Aber trotzdem fühlte ich mich tief im Inneren geliebt, wieso, kann ich nicht erklären. Je mehr bei mir das Leben außer Kontrolle geriet, desto mehr spürte ich diese Liebe. Es muss Gott gewesen sein.

Gott ist Licht (1. Johannes 1,5). Das erfuhr ich, als er in meiner dunkelsten, verzweifelsten Zeit zu mir durchdrang. Es war wie ein langsames Erwachen in der Morgendämmerung eines neuen Tages. Das finde ich so wunderbar an Gott: Er bringt uns nicht dazu, allein aus der Dunkelheit herauszutreten; er kommt in unsere Dunkelheit hinein und geht mit uns zusammen hinaus.

Gott ist Wahrheit (Johannes 14,6), er lügt nicht. Ich wollte unbedingt glauben, dass Gott Wahrheit ist. Aber als ich merkte, welchen Mann ich in Wirklichkeit geheiratet hatte und dass ich auf dem besten Wege war, allein erziehende Mutter von fünf Kindern zu werden, fühlte ich mich so von Gott verraten. Ich konnte ihm nicht mehr vertrauen.

Doch dann veränderte sich mein Verständnis von Wahrheit. Gott ist Wahrheit, egal, ob es mir passt, was er tut, ob es mich verwirrt oder ob ich daran glaube, dass es gut ist.

Gott ist Gerechtigkeit (5. Mose 32,4). »Also, hier bin ich. Ich stehe auf dem Tanzboden und höre, wie die Musik beginnt. Herrlich! Jetzt kann ich endlich anfangen zu tanzen. Aber Moment mal . . . das ist doch nicht der Tanzboden. Das ist doch eine Asphaltstraße! Du liebe Zeit, wir stehen wirklich auf der Straße! Das ist doch nicht fair! Jemand hatte meine nette, kleine Gesellschaft auf die Straße geworfen. Hier ist es auch nicht sicher; nein, ganz bestimmt nicht. Und ich dachte, es wäre ein ganz anderer Tanz.« (John Fisher)

Das ist eine poetische Beschreibung einer Enttäuschung von der Wirklichkeit. Diese entpuppt sich als das genaue Gegenteil von dem, was wir eigentlich wollten. So oft habe ich gedacht: Das ist so unfair. Ich wollte doch nie allein erziehende Mutter von fünf Kindern sein. Wie konnte Gott so etwas geschehen lassen? Andere Leute haben doch auch eine Familie – Mutter, Vater und Kinder. Aber ich bin allein . . . mit fünf Kindern. Fünf Kinder! Ich hatte erwartet, zu heiraten und verheiratet zu bleiben. Und genau an diesem Punkt hatte viel von meiner Verwirrung und meinem Leid begonnen. Ich hatte es *erwartet.*

Wie versöhnen wir unsere manchmal unrealistischen Erwartungen mit dem Glauben an Gottes Gerechtigkeit? Hängt etwa Gottes Gerechtigkeit davon ab, wie er unsere Erwartungen erfüllt?

Gott ist Friede (Epheser 2,14). Friede hat nichts mit den äußeren Umständen zu tun, er ist eine Frucht des Heiligen Geistes und ein innerer Zustand. Innerer Aufruhr und Tumult waren meine ständigen Begleiter, bis ich schließlich die Verwirrungen und Unbeständigkeiten des Lebens akzeptieren lernte. Ich musste erkennen, dass das Leben - und mein Leben im Besonderen - nie wieder ordentlich und geregelt verlaufen würde. Aber ich lief vor diesem Chaos nicht mehr weg; ich lernte, damit zu leben.

Da erfuhr ich den Frieden Gottes. Solange ich weggelaufen war, hatte ich nicht einmal gemerkt, dass dieser Friede mir fehlte. Jetzt wollte ich nicht eine Sekunde mehr ohne ihn auskommen.

Gott ist Liebe, Licht, Wahrheit, Gerechtigkeit und Friede. Und er ist noch viel, viel mehr.

Vielleicht wissen wir diese Dinge über Gott und sprechen sie auch als Lippenbekenntnis aus. Aber was ist, wenn das Leben uns hart mitspielt und die ersten Worte, die uns dabei einfallen, lauten: »Mein Gott, warum?« Und in unserem Herzen schreien wir: »Wo warst du?« Was so viel heißt wie: »Es ist alles deine Schuld! Wenn du dich gekümmert hättest, wäre das nicht passiert!«

Aber Gott ist *nicht* das böse Ungeheuer, das uns Erdenbewohner zerquetschen will, sobald wir ihm über den Weg laufen (Psalm 30,6).

Gott ist *nicht* der grausame Wächter, der unser Leben am liebsten in der Hand hat, damit er uns einsperren und vollständig kontrollieren kann (Jesaja 61,1).

Gott ist *nicht* völlig am Ende mit seiner Schöpfung - zu müde und zu frustriert, um sich um uns zu kümmern (Psalm 121,3).

Gott ist *nicht* zu beschäftigt mit diesem riesigen Universum, um nicht jedes einzelne Haar auf unserem Kopf zu zählen (Lukas 12,7).

Gott ist emotional *nicht* weit von uns und unseren Schwierigkeiten entfernt. »Und als er nahe hinzukam, sah er die Stadt und weinte über sie und sprach: Wenn doch auch du erkenntest zu dieser Zeit, was zu deinem Frieden dient! . . .« (Lukas 19,41-42)

Ein wichtiger Teil in dem Lernprozess, Gott zu akzeptieren, ist zunächst zu entdecken, wer er ist, und dann die Entscheidung zu treffen, ob wir der Bibel und ihren Aussagen über ihn Glauben schenken wollen.

Gott ist *gut* und »er sorgt für euch« (1. Petrus 5,7).

Was Gott tut (und nicht tut)

Wer kümmert sich um unser Leben? ». . . Gott ist's, der in euch wirkt . . .« Was wirkt er? ». . . das Wollen und das Vollbringen . . .« Mit welchem Ziel? ». . . zu seinem Wohlgefallen« (Philipper 2,13).

Kürzlich sprach ich mit einer Freundin über zwei unserer Bekannten, deren Freundschaft in einer anscheinend aussichtslosen Situation war.

Da sagte meine Freundin: »Beten wir doch für sie.« Ich sah sie entgeistert an. »Was? Für sie beten? Was kann Gott da tun? Diane hat ihren eigenen Kopf, und Julie will genau das Gegenteil. Da kann Gott auch nichts machen.« So sprach ich. In Wirklichkeit meinte ich, dass ich nicht glaubte, wir könnten irgendetwas tun. Als würde die Situation von zwei Menschen abhängen. Natürlich waren wir nur zwei sündige Menschen, aber wir waren zwei Menschen, die beteten. Und Gott konnte eine Menge tun.

Gott tut immer etwas, egal, ob wir es sehen und spüren oder nicht (Hebräer 11).

Das 11. Kapitel des Hebräerbriefes ist voller Namen biblischer Gestalten, die an Gottes Wirken in Situationen glaubten, in denen sie weder etwas sahen, noch etwas spürten: Durch den Glauben baute Noah die Arche; durch den Glauben gab Abraham seinen Sohn Isaak als Opfer hin. Viele dieser Menschen sahen die Erfüllung von Gottes Verheißungen nicht, solange sie lebten. Trotzdem vertrauten sie darauf, dass Gott handelte.

Gott hört uns (Psalm 65,2). Gottes Ohr ist uns immer zugewandt. Genau wie wir die Stimme unserer Kinder sofort erkennen, so kennt Gott unsere Stimme. Wie schnell geben wir das Gebet auf, weil sich etwas nicht so entwickelt, wie wir es uns vorstellen. Dann nehmen wir an, dass Gott uns nicht erhört hat. Zwar beten wir, aber wir akzeptieren die Antwort Gottes nicht, weil sie so gar nicht unseren Erwartungen entspricht. Oft beten wir für eine Entwicklung, die unser Leben erleichtern soll, aber Gott schickt uns eine Antwort, die schwerer ist und die das größte Wachstum in unserer Liebe zu ihm und zu Menschen bewirkt.

Können wir die Tatsache akzeptieren, dass Gott weiß, was das Beste für uns und unser Leben ist?

Gott erzieht uns (Psalm 71,17). Leider ist die Schule Gottes kein Ort, wo wir bequem an Tischen sitzen und in bunte Hefte schreiben. Nein, die Schule Gottes ist auch ein »Entenhof«, auf dem es Verletzte gibt und Narben. Auch Jesus wurde durchbohrt - für uns. Jesus blutete - für uns. Jesus starb - für uns. Aber Jesus wurde auch auferweckt und ist in den Himmel aufgefahren - als auferstandener Retter, aber auch als geschlagener Mensch. Glauben wir wirklich, dass unser Leben auf dieser Erde als Südsee-Urlaub gedacht war?

Gott der Schöpfer

In Psalm 148 lesen wir:

Halleluja!
Lobet im Himmel den Herrn, lobet ihn in der Höhe!
Lobet ihn, alle seine Engel, lobet ihn, all sein Heer!
Lobet ihn, Sonne und Mond, lobet ihn, alle leuchtenden Sterne!
Lobet ihn, ihr Himmel aller Himmel und ihr Wasser über dem Himmel!

Der Psalmist fordert alle zum Lob Gottes auf – die Erde, die großen Meeresgeschöpfe, die Tiefen des Ozeans, Blitz und Donner, Schnee und Wolken, Sturmwinde, Berge und Hügel, fruchttragende Bäume und Zedern, Tiere und Vieh, Gewürm und Vögel, Könige und alle Völker, Fürsten und Richter, Jünglinge und Jungfrauen, Alte und Junge. »Die sollen loben den Namen des Herrn; denn er gebot, da wurden sie geschaffen« (Vers 5).

Gott erschuf alles, was es gibt und was lebt. »Aber dieses ›hässliche Entchen‹ hat nicht darum gebeten, auf die Welt zu kommen«, sagen Sie vielleicht, wenn Sie im Leben Leid erfahren. »Es ist eher wie ein schlechter Witz.«

Ich habe mich das oft gefragt: Welche Freude kann Gott an einer Schöpfung haben, die so verdorben ist? »Der Herr, dein Gott . . . wird sich über dich freuen und freundlich sein, er wird dir vergeben in seiner Liebe und wird über dich mit Jauchzen fröhlich sein« (Zefanja 3,17).

Warum? Das übersteigt meinen Verstand. Vielleicht braucht es nicht viel, um Gott fröhlich zu machen. Ein Herz, das sich ihm zuwendet. Ein Mund, der ihn lobt. Ohren, die seine Stimme hören. Das Lächeln eines neugeborenen Babys. Ein junger Mann und eine junge Frau, die sich verlieben. Ein altes Ehepaar, das Hand in Hand spazieren geht.

Vielleicht sieht Gott seine Schöpfung in der ursprünglichen Form – es war »sehr gut«. Vielleicht sieht Gott die »Schwäne«.

> »Am Anfang schuf Gott Himmel und Erde. Und Gott schuf den Menschen zu seinem Bilde, zum Bilde Gottes schuf er ihn; und schuf sie als Mann und Frau. Und Gott sah an alles, was er gemacht hatte, und siehe, es war sehr gut.
>
> Und Gott der Herr gebot dem Menschen und sprach: Du darfst essen von allen Bäumen im Garten, aber von dem Baum der Erkenntnis des Guten und Bösen sollst du nicht essen; denn an dem Tage, da du von ihm issest, musst du des Todes sterben.
>
> Und das Weib sah, dass von dem Baum gut zu essen wäre

und dass er eine Lust für die Augen wäre und verlockend, weil er klug machte. Und sie nahm von der Frucht und aß und gab ihrem Mann, der bei ihr war, auch davon, und er aß.«
(1. Mose 1,1.27.31a; 2,16-17; 3,6)

Hat Gott zwei Sünder erschaffen? Zwei »hässliche Entenküken«? Gott hat zwei »Schwäne« erschaffen, die die Sünde *gewählt* haben. Und das ist unsere Lieblingsbeschäftigung geblieben. Aber wir geben das nicht zu.

Warum fällt es uns so schwer, Gott als den vollkommenen Schöpfer anzuerkennen? Ein Grund liegt darin, dass wir keine Verantwortung für die Sünde übernehmen wollen. Wir schieben vielmehr Gott die Verantwortung für das Chaos zu, das wir in seiner vollkommenen Schöpfung angerichtet haben. Gott um Vergebung zu bitten, wäre ein Eingeständnis unserer eigenen Schuld.

Gottes Werk ist es, dass er uns mit der Möglichkeit der Schwäne geschaffen hat. Als Schöpfer steht ihm unser Lob und Preis für sein gutes Werk zu.

Gott als Retter

»Gut und Böse liegen (in uns Menschen) paradoxerweise eng beieinander. Es ist, als wären sie nur durch einen dünnen Vorhang getrennt. Trifft im richtigen Moment der richtige Blick die richtige Schwäche, gibt es wohl nicht einen lebenden Menschen, der den Vorhang nicht zurückziehen und seine wildesten Träume ausleben würde . . .

Nie kam das Gemeine dem Heiligen so nahe wie auf Golgatha. Nie verknüpfte sich das Gute in der Welt so eng mit dem Bösen wie am Kreuz. Nie war das Richtige so innig mit dem Falschen verbunden wie in dem Moment, als Jesus zwischen Himmel und Erde hing.

Gott wird von einer bösen Welt nicht aus der Fassung gebracht. Er muss nicht nach Luft ringen, wenn er unseren mangelnden Glauben oder unser tiefes Versagen sieht. Wir können Gott mit unseren Grausamkeiten nicht überraschen. Er kennt den Zustand dieser Welt und liebt sie trotzdem. Genau dort, wo wir Gott nie erwarten – wie an einem Kreuz –, finden wir ihn im Fleisch.« (Max Lucado in: *No Wonder They Call Him the Savior*)

Es ist absolut unfassbar, dass ein reiner und heiliger Gott seinen Sohn für solche Geschöpfe wie uns »hässliche Entenküken« ans Kreuz schlagen lässt. Aber das tat er. Und so, wie Jesus sich vor langer Zeit mit Sündern in Gesellschaft zeigte, so tut er es auch heute noch. So ist Gott. Wir sind in seinem Blick, weil Jesus der Retter ist. Ich lerne, Jesus täglich als meinen Retter zu loben und zu sehen, wie er mich auch von meinen täglichen Fehltritten und Schnitzern »rettet«, die mich sonst in ein selbstgeschaffenes Gefängnis sperren würden. Er rettet mich in Situationen, wenn:

- ich die Beherrschung verliere und meinen Sohn anschreie, weil ich mich »gestört« fühle; dann merke ich, wie Gott diese Situation rettet und mir ins Ohr flüstert: »Mich hat es auch gestört, dass ich für dich den Himmel verlassen und ans Kreuz gehen musste.« Ach ja. Dann werde ich still;
- ich eine Mauer zwischen mir und einer Freundin aufbaue, weil sie mich verletzt hat und ich sie bestrafen will. Dieses Mal flüstert Gott: »Ich kann deinen Schmerz verstehen, aber vergib ihr trotzdem; sie hat dir nicht absichtlich wehgetan. Du wirst damit fertig.« Weil ich weiß, dass er mir dabei hilft, kann ich einwilligen.

Gott flüstert mir auch zu, wenn ich einen Menschen aufgeben, in einer Situation kapitulieren oder eine falsche Entscheidung treffen will. Manchmal höre ich zu. Manchmal überhöre ich aber auch seine Botschaft, weil ich gerade so laut »quake« oder »mit den Flügeln schlage«.

Verzweifelte Jesus an den Sündern und ließ sie einfach stehen? Nein. Er bot ihnen seine Vergebung und Annahme an. Denn das tut ein Retter. Können wir Jesus in dieser Rolle akzeptieren? Wie oft müssen wir noch Schiffbruch erleiden, wenn wir versuchen, uns selbst zu retten, und dabei völlig versagen? Wir haben doch schon so viele Wunden und Verletzungen. Muss es noch schlimmer werden?

Gott als Herr

Was bedeutet es, dass Jesus der Herr ist? Das griechische Wort für »Herr« im Neuen Testament ist *kyrios.* So wird die höchste Autorität bezeichnet, die die Herrschaft hat. *Autorität und Herrschaft* haben für uns eine Menge negativer Untertöne, besonders für die, die in den sechziger Jahren aufgewachsen sind. Wenn uns aber wirklich bewusst ist, dass Gott uns liebt und nur unser Bestes im Sinn hat, ahnen wir vielleicht, dass Herrschaft Christi Freiheit bedeutet.

Aber wir legen uns oft lieber ein selbsterfundenes, strenges Regelwerk zurecht, um das Leben mit den anderen »hässlichen Entenküken« zu überstehen. Wir bauen darauf, durch unsere Regeln zumindest so gut zu sein, dass wir in den Momenten bei Gott Gehör finden, wenn wir es allein nicht schaffen und Hilfe brauchen. Außerdem hoffen wir, dass sich am Ende die Waage zu unserer Seite neigt und wir in den Himmel kommen – auch wenn's nur knapp ist.

Jemand hat unseren traurigen Zustand so zusammengefasst:

> »Er (Gott) bietet uns eine Beziehung an; wir aber wollen Abgrenzungen und Regeln. Er bietet uns Sicherheit durch Risiko an; wir aber wollen Sicherheit durch Garantien. Er bietet uns Einheit und Gemeinschaft an; wir aber wollen Einheitlichkeit und Institutionen ... Wir wollen, dass Gott sich in unser Leben einfügt; einen Bereich wünschen wir uns von ihm verändert, den anderen soll er in Ruhe lassen; hier wollen wir von ihm bevollmächtigt werden, aber dort die Dinge selbst in die Hand nehmen.« (Daniel Taylor)

Gott als Vater

Die Vaterfigur spielt in unserem Leben eine unglaublich wichtige Rolle. Wie wichtig diese Rolle ist, merken wir vielleicht erst, wenn wir erwachsen geworden sind und große Teile unseres Lebens nicht in den Griff kriegen, wie sehr wir uns auch bemühen. Vielleicht machen wir sogar eine Therapie, nur um zu entdecken, wie sehr der Mensch, der wir heute sind, von unserem Vater und seinem Einfluss geformt wurde.

Der vermeintliche Vater des hässlichen Entenkükens wird in der Geschichte nur einmal erwähnt, und das geschieht mit einer Beschwerde der Mutterente: »Sie gleichen alle ihrem Vater, dem Lumpen, er kommt nicht, mich zu besuchen.«

Mein eigener Vater starb, als ich fünf Jahre alt war. Und wie die Mutterente wusste auch meine Mutter nichts Gutes über ihn zu sagen. Als erwachsene Frau wollte ich eine Verbindung zu ihm aufbauen, und sei es auch nur zur Erinnerung an ihn, deshalb fragte ich meine Mutter: »Kannst du mir nicht wenigstens eine gute Sache über Dad sagen?«

Sie dachte einen Moment nach und zuckte dann die Achseln: »Mir fällt nichts ein.«

Meine Art der Beziehung, wie ich sie heute zu Männern habe (oder *nicht* habe, was häufiger der Fall ist), wurde stark von dem Umstand beeinflusst, dass ich ohne Vater aufgewachsen bin. Oft wird uns gesagt, dass unsere Beziehung zu unserem Vater auch unsere Beziehung zu Gott prägt. Ich glaube, das stimmt. Wenn ich versuche, mir Gott als einen Vater vorzustellen, kommt nichts. Was ist ein Vater? Ich wuchs als Einzelkind auf und lebte in einer Phantasiewelt mit gespielten Beziehungen zu selbstausgedachten Personen. Diese unsichtbaren Freunde waren alle Männer und verließen mich nie. Natürlich hatte ich sie völlig in meiner Gewalt und manchmal war ich diejenige, die ging.

Als ich ins Teenager-Alter kam, reichten mir die ausgedachten Kameraden nicht mehr aus. Ich ließ sie hinter mir zurück und trat in die »wirkliche« Welt ein, eine Welt der Romanzen. Es gab eine Reihe von Freunden, mit denen alles ruhig lief, bis ich einen Mann heiratete, in den ich blind verliebt war. Die Wirklichkeit dieser Beziehung wurde bald zu einem Alptraum. Dreizehn Jahre später stieg ich aus. Wieder war ich ein Kind, verängstigt, verwirrt und wütend. Meine Ehe war zur größten Enttäuschung meines Lebens geworden. Die quälende Angst, die folgte, als ich meine fünf Kinder und mich aus den Trümmern eines ehemals pulsierenden, lebendigen Gefüges zog, das man den Kern der Familie nennt, gab mir fast den Rest. Ich habe mich immer noch nicht ganz davon erholt.

Warum hatte ich geheiratet? Mit neunzehn Jahren sehnte ich mich – nach einem Vater. Mein Mann war fünfzehn Jahre älter als ich, eine reife Persönlichkeit; bestimmt würde er gut auf mich aufpassen. Außerdem war er ein gläubiger Christ – eine sichere Garantie. Also legte ich mich und mein Schicksal ganz in seine Hände. Das war ein riesiger Fehler. Natürlich wusste ich damals nicht, was ich wirklich brauchte. Das sehe ich alles erst jetzt, im Nachhinein. Wie hätte ich wissen sollen, dass Gott als mein Vater meine Bedürfnisse stillen wollte, die Dr. Larry Crabb als die »eigentlichen Sehnsüchte« bezeichnet?

> »Denken wir an die grundlegenden und tiefgehenden Sehnsüchte des menschlichen Herzens, die Wünsche, die erfüllt werden müssen, damit das Leben lebenswert ist; nennen wir sie die eigentlichen Sehnsüchte. Wir sind dazu bestimmt, in Beziehung mit einer Person zu leben, die unfehlbar stark ist und liebevoll für uns sorgt; die uns befähigt, die wichtigen Aufgaben, die sie uns zugedacht hat, auch zu erfüllen. Ohne Beziehung ist das Leben zutiefst leer. Nichts kann diesen hohlen Kern füllen, außer die Kraft, die zu erleben wir geschaffen sind. Es sind nicht die unvollkommenen Freunde oder beeindruckenden Werke, nicht reizvolle Erlebnisse oder Vergnügungen. Nichts kann unsere eigentlichen Sehnsüchte stillen, außer die Beziehung, die nur Gott uns anbieten kann.«

Welche Beziehung bietet Gott uns an? »Weil ihr denn Kinder seid, hat Gott gesandt den Geist seines Sohnes in unsere Herzen, der schreit: Abba, lieber Vater!« (Galater 4,6). Ich versuche immer noch zu lernen, Gott in der Rolle des Vaters – meines Vaters – zu erleben. Obwohl sich das Wort auf meiner Zunge fremd anfühlt, lerne ich es, »Papa« zu sagen. Und wie die Entenmutter findet Gott mich *»doch ganz hübsch«*.

Als Freund

Jesus sprach diese kostbaren Worte zu seinen Jüngern: »Ich sage hinfort nicht, dass ihr Knechte seid; denn ein Knecht weiß nicht, was sein Herr tut. Euch aber habe ich gesagt, dass ihr Freunde seid; denn alles, was ich habe von meinem Vater gehört, habe ich euch kundgetan.« (Johannes 15,15)

Können Sie sich die Freude der Jünger vorstellen, als sie begriffen, dass das Herz Jesu ihnen in Freundschaft zugetan war? Dass sie nicht nur dem erhöhten Schöpfer dienten und ihn anbeteten, sondern auch in Freundschaft mit dem menschgewordenen Gott lebten?

Gott will ein Freund der »hässlichen Entenküken« sein, deshalb hat er uns erschaffen. Was bedeutet es, wenn man Gottes Freund ist? Was teilen Sie mit Ihrem besten Freund oder der besten Freundin? Träume, Leidenschaften, Leid, Freude, Lachen, Weinen, Spaß. Einen Spaziergang im Park an einem heißen Sommertag, eine Stunde am Kamin an einem kalten Winterabend. Stille Momente, in denen man sich an der Gegenwart des anderen freut, bewegende Zeiten, in denen man sich der Einzigartigkeit des anderen bewusst wird. Können Sie sich vorstellen, dass Gott gesagt hat: »Lasst uns Menschen machen nach unserem Bild«, damit er selbst eine Beziehung, einen Kontakt, eine Verbindung schaffen kann – zu uns?!

Ich bin mit vielen Freunden gesegnet, aber keiner ist so wie Gott. Gott hat viele Menschen erschaffen, aber keiner ist so wie ich. Keine andere Beziehung auf der Welt ist so wie unsere.

Freundschaft mit Gott ist die wichtigste Beziehung. Das höchste Privileg. Die schönste Erfahrung. Nichts hilft uns mehr dabei, diese Erfahrung zu machen, als unsere Bereitschaft zur Annahme. Gott hat uns schon angenommen – vollkommen. Er nennt jeden von uns »sein Kind«. Erlauben wir ihm, unser Vater zu sein und uns wie ein guter Vater zu lieben?

5. Die praktische Seite der Veränderung

»Pfui, wie das eine Junge nur aussieht! Das wollen wir hier aber nicht haben!« Und gleich flog eine Ente zu ihm hin und zwackte es ins Genick.

»Lasst es!«, sagte die Mutter. »Es tut ja niemandem etwas!«

»Ja, aber es ist zu groß und zu absonderlich!«, sagte die Ente, die gezwackt hatte. »Und da muss es geduckt werden!«

»Gloria, ich weiß nicht recht, wie ich dir das erklären soll«, sagte meine Freundin schüchtern und leise. Wir telefonierten, die Verbindung war nicht besonders gut, und ich konnte sie kaum verstehen. »Aber was du gerade gesagt hast – und so, wie du dich in der letzten Zeit benommen hast –, also, das war wirklich gemein. Ich fühle mich – misshandelt.« Und sie begann zu weinen.

Aber ihre leisen Schluchzer kamen bei mir nicht an. Was ankam, war das eine Wort – misshandelt. Misshandelt. MISSHANDELT! Ich sollte jemanden misshandelt haben? Niemals!

»Das ist doch Unsinn!«, gab ich zurück. »Du bist einfach überempfindlich. Du bist ...«

Doch dann hörte ich ihre Schluchzer. Ich unterbrach mich. Es war keine Seltenheit, dass sie weinte. Ich wollte abwarten, bis sie sich beruhigt hatte. Dann konnten wir über ihre Gefühle und ihre Überempfindlichkeit reden. Sie würde zugeben müssen, dass sie übertrieben hatte. So konnte sie es nicht gemeint haben.

Natürlich war ich manchmal unfreundlich. Oder ungeduldig. Wenn mich etwas frustrierte, konnte es passieren, dass ich mich an einem anderen abreagierte. Aber ...

»Es ist dein Ton«, fuhr sie fort. »Und die Art, wie du dich zurückziehst. Du bestrafst mich, wenn ich versuche, eine andere Meinung als deine zum Ausdruck zu bringen. Du bist so stark – ich komme gegen dich nicht an. Du beherrscht alles ...«

Jetzt war sie richtig in Fahrt, und obwohl ihr das Herz offensichtlich wehtat, klang sie doch sicher, bestimmt und entsetzlich ehrlich.

Aber ich konnte und wollte es nicht hören. »Nein. Dich misshandelt haben – das ist doch lächerlich.«

Aber sie fuhr fort, ihr Leid zu klagen, Monate, in denen sie unter der Art, wie ich sie und andere behandelt hatte, gelitten hatte. Langsam sah ich die Dinge aus ihrer Perspektive. Ja, wirklich, ich würde mich an ihrer Stelle auch misshandelt fühlen. In Sachen Misshandlung kannte ich mich aus. Ihre Anschuldigungen waren ernst zu nehmen. Mir wurde in diesem Moment ein Zustand vor Augen geführt, wie er in meiner Ehe geherrscht hatte, und den man nur mit dem Begriff Misshandlung beschreiben konnte. Ich hatte über das Thema einiges gelesen, und mir war klar geworden, dass ich damals das Opfer gewesen war. Konnte ich auch Täterin sein? Ja.

Die anderen Enten misshandelten das Entenküken, weil *»es zu groß und zu absonderlich war«;* und das reichte als Grund aus. Ich war in meiner Ehe misshandelt worden – geistig, emotional und körperlich –, denn ich hatte, so wie ich als »hässliches Entenküken« gewesen war, meinem Mann nicht gefallen können.

Doch jetzt tat ich anderen an, was ich am meisten hasste: Ich verurteilte, bestrafte und zog mich von den »hässlichen Entenküken« zurück, die nicht schnell genug zum »Schwan« wurden, um mir zu gefallen.

Tagelang weinte ich und bereute mein Verhalten, wusste aber nicht, wie ich mich ändern konnte.

Nicht mehr ein noch aus wissen ist die beste Voraussetzung, dass Gott handeln kann, denn dann haben wir keine andere Wahl, als auf seine Weisung zu vertrauen. Wenn wir meinen, wir wüssten am besten, was zu tun ist (egal, um was es geht), sind Durcheinander und Chaos oft programmiert. Kürzlich hörte ich den Schriftsteller M. Scott Peck sagen, dass »alles Böse in der Welt eigentlich durch die Menschen verursacht wurde, die ganz genau wussten, was zu tun war«.

Aber ich als »hässliches Entchen« hatte keine Ahnung, wie ich mich ändern, andere lieben und für Gott in dieser Welt leben konnte. Bis zu diesem Zeitpunkt hatte ich meine ganzen Kräfte fast nur dafür einsetzen müssen, die Misshandlungen zu überstehen, die mir zugefügt wurden.

Unsere Fehler, dass wir anderen trotz unserer Liebe falsch begegnen und dann unser Fehlverhalten auch noch abstreiten, machen wir häufig dann, wenn wir meinen, über den Dingen zu stehen. Natürlich *liebte* ich meine Freundin. Wie konnte sie da sagen, dass ich sie misshandelte? Mir war aber nicht klar gewesen, dass ich den Selbstschutz zu meiner höchsten Priorität gemacht hatte, weil ich selbst so viele Jahre misshandelt worden war. Wenn aber Selbstschutz zum höchsten Ziel eines Menschen wird, ist es für ihn oder sie fast unmöglich, andere wirklich zu lieben. Oft nehmen wir eine selbstgerechte Haltung ein, die gut und richtig wirkt und mit der wir unseren Schutzmantel eng um uns ziehen können.

Zwei christliche Klischees verdeutlichen diese Haltung:

Klischee Nummer eins: *»Liebe den Sünder, aber nicht die Sünde.«* Wir meinen es gut, wenn wir diesen Satz sagen, weil wir die Menschen lieben wollen. Aber schon die Tatsache, dass wir in »sie« und »wir« unterteilen, zeigt, dass unsere Liebe mehr ein Willensakt ist – sie kommt nicht natürlich. Wir identifizieren uns nicht wirklich mit den Schattenseiten des anderen, sondern nehmen eine überlegene Haltung ein. Den »Sünder lieben, aber nicht die Sünde«, ist sicher ein Schritt in die richtige Richtung. Aber es ist nur ein kleiner Schritt, und wir sind damit noch längst nicht am Ziel. Unsere nach außen zur Schau gestellten Taten und unsere innere Haltung können Lichtjahre voneinander entfernt sein.

Erkennen wir erst einmal, dass die Entfernung zu Gott, die einen anderen Menschen zu einer Handlung treibt, die uns als undenkbar erscheint, dieselbe Entfernung ist, die auch in uns ist! Dann wird das »Liebe den Sünder, aber nicht die Sünde« gar nicht mehr zur Debatte stehen. Dann lieben wir einfach.

Nur weil wir auf einen sündigen Impuls nicht reagieren, heißt das noch lange nicht, dass die Sünde nicht in uns ist. Auch Jesus wurde »versucht, allenthalben gleichwie wir, doch ohne Sünde« (Hebräer 4,15). Wenn Jesus auf *jede* Art versucht wurde, glauben wir dann etwa, bestimmte sündige Neigungen gingen an uns vorbei? Vielleicht besteht unsere Sünde ja genau darin, nach außen hin als »gut« zu erscheinen. Vielleicht sorgen wir uns auch zu sehr darum, was andere von uns denken. Oder wir sündigen heimlich, so dass es keiner bemerkt. Vielleicht verleugnen wir unsere Sünde, rechtfertigen sie oder geben ihr einfach einen anderen Namen.

Klischee Nr. 2: *Es ist Gottes Gnade, die mich so sein lässt, wie ich bin.* Auch diese Worte zeigen unsere wahre Einstellung. Auf den ersten Blick scheint es eine noble, für die Gnade Gottes dankbare Haltung zu sein. Aber hinter dieser Aussage steht oft die »vornehme Ente« oder der selbstgerechte Pharisäer. Wir sagen: »Ich könnte genauso schlecht, böse und hässlich sein wie er (oder sie), aber ich bin es nicht.« Und das ist der Punkt – ist die Gnade Gottes ungerecht?

Bevorzugt Gott mit seiner Gnade etwa ein hässliches Entenküken gegenüber einem anderen? Liegt es wirklich an der Gnade Gottes, dass unsere Situation nicht schlimmer ist, oder könnte es nicht sein, dass das Leben uns nur nicht so schlecht mitgespielt, uns nicht aus dem »Entenhof« vertrieben und uns nicht in die Lage gebracht hat, falsche Entscheidungen zu treffen?

Wie können wir uns von einer verurteilenden, selbstgerechten Einstellung befreien, die uns daran hindert, andere bedingungslos anzunehmen? Was können wir tun?

Gottes Bereitschaft zur Annahme erkennen

Es wird uns nie gelingen, andere auf ihrem Weg zum »Schwan« zu unterstützen, wenn wir nicht begreifen, was Gott in uns tun will.

David betete staunend: »Was ist der Mensch, dass du, Herr, seiner gedenkst?« (Psalm 8,4). Es gab eine Zeit in meinem Leben, in der es mir unmöglich erschien, dass ein heiliger, erhabener Gott meiner »gedenken« könnte. Und dabei tut er noch viel mehr; er akzeptiert mich in meinem sündigen Zustand so völlig, dass er mit mir zusammen sein will. Wie ist das möglich?

»Ich bin nicht dazu gemacht, Christin zu sein«, weinte ich einmal vor einer Freundin. »Ich bin nicht aus dem richtigen Holz geschnitzt. Gott hat ganz sicher genug von mir!« Ich hatte das Gefühl, Gott an seine Grenzen gebracht zu haben. Gott, so stellte ich mir vor, musste zu mir sagen: »Okay, das war's. Jetzt hast du's wirklich verpatzt. Du hast mich überstrapaziert.« So erschien mir meine Situation.

Doch meine Freundin sagte mir die kostbaren Worte: »Gott hat noch nicht einmal richtig mit dir angefangen. Er akzeptiert dich so, wie du bist.«

Egal, wie sehr ich versucht habe, mich zu ändern, meine wahren Gefühle zu verleugnen, mich vor mir selbst und anderen zu verstecken –, Gott wusste, wer und wo ich war. Und ich erkannte, dass ich nirgendwo anders hätte sein können. »Und sie hörten Gott, den Herrn . . . und Adam versteckte sich mit seiner Frau« (1. Mose 3,8). Es hat sich nicht viel verändert. Wir hören Gott kommen, und wir verstecken uns. Aber es gibt keinen Ort im ganzen Kosmos, den die Augen Gottes nicht sehen würden. Jeder von uns wird mit der Hand in der Keksdose erwischt. Doch obwohl die Indizien eindeutig gegen uns sprechen, versuchen wir, Gottes Blick von uns und der Keksdose abzulenken. Oder wir rechtfertigen uns, indem wir uns damit entschuldigen, fast verhungert zu sein – nur ein Keks hätte uns noch retten können. Oder wir schieben Gott die Schuld zu: »Du hast doch die Kekse gemacht und sie dort hingelegt; das hättest du doch nicht getan, wenn du nicht davon ausgegangen wärst, dass ich sie essen würde.«

»Und Gott der Herr rief Adam und sprach zu ihm: Wo bist

du?« (1. Mose 3,9). Das war nur eine rhetorische Frage, denn Gott weiß alles. Können Sie und ich ehrlich mit uns selbst sein? Wir werden nur erleben, dass Gott uns annimmt, wenn wir die Wahrheit über uns erkennen. Aber wenn wir das erlebt haben, werden wir auch frei, uns und andere anzunehmen.

Sich selbst annehmen

Können wir uns selbst annehmen? Können wir einfach all das Schlechte mit dem Guten annehmen, das ein Suchen und Wachsen zum Besseren will? Natürlich nicht. Ein Hauptgrund ist, dass alle anderen Enten im Hof uns ständig vorhalten, wie komisch und hässlich wir sind. Sie wollen uns nicht so, wie wir sind. Deshalb suchen wir verzweifelt nach Möglichkeiten, unsere Hässlichkeit zu verstecken und die anderen zu täuschen.

Die grausame Wahrheit ist, dass das hässliche Entchen seine Hässlichkeit gar nicht verstecken konnte. Und wir können es auch nicht. Na ja, eine Weile gelingt es uns vielleicht, den Mist zu kaschieren, aber schließlich kommt er doch heraus – und zwar meistens dann, wenn wir es am wenigsten erwarten oder wollen.

Es gibt wohl kaum eine bessere Erklärung über den Weg zur Selbstannahme als das provozierende Buch von Tim Hansel *You Gotta Keep Dancin' (Du musst weitertanzen):*

»Mir ist aufgefallen, dass ich, vor allen Dingen während der letzten Jahre, Bücher mit dem Wort ›siegreich‹ im Titel gern gemieden habe. Irgendwie scheinen sie auf mich nicht zuzutreffen. Mein Weg lässt sich mit so einfachen Worten nicht beschreiben. Ich musste mit der Tatsache fertig werden, dass ich wohl kein ehrgeiziger Christ bin, aber durch und durch Mensch. Ja, seit ich diesen Einen, der Christus heißt, kennen gelernt habe, werde ich auf meiner Reise immer mehr Mensch, nicht weniger.

Ich denke dabei an die unglaublich einfache Frage von Howard Butt: ›Was hätten Sie lieber – einen christlichen Ruf oder

Jesus Christus?‹, und weiß wieder, dass es für mich nicht wichtig ist, andern gegenüber als ›siegreicher Christ‹ zu erscheinen. Wenn mich diese Entwicklung etwas gelehrt hat, dann die Erkenntnis, der Mensch sein zu wollen, der ich in Christus bin, ohne etwas vorgeben oder darstellen zu müssen.

In Christus gerechtfertigt zu sein, heißt unter anderem, mich nicht immer selbst rechtfertigen zu müssen. Langsam entdecke ich eine radikale Form der Selbstannahme, die sich auf Gott stützt und sich nicht von meinen Begrenzungen leiten lässt.

Als ich meine überzogenen Erwartungen und meine Vorstellungen über meine eigene Bedeutung losließ, entdeckte ich eine neue Form des Triumphs, der nicht siegreich aussehen musste. Eines Abends schrieb ich diesen Gedanken unter der Überschrift ›Verdeckter Triumph‹ nieder:

Mir gehört nur ein verdeckter Triumph.
Freude ist vermischt mit einem immer währenden Schmerz,
einem ungerechtfertigten Glück,
einfach am Leben zu sein.
Die täglichen Anforderungen lassen mir oft weniger
als das Beste.
Aber trotzdem taucht immer wieder etwas auf.
Hoffnung – tiefer, von größerer Dauer.
Liebe – ja, aber unsentimentaler, alltäglicher.
Glaube – nicht genug, um Berge zu versetzen.
Aber genug, um mit verdecktem Triumph zu leben.«

Hansel nennt sein »hässliches Entenküken« seine »Menschlichkeit«. Andere nennen es ihre »sündige Natur« oder die »Erbsünde«. Es bedeutet aber alles dasselbe: unser Streben, unseren Weg ohne Gott und seinen Willen zu gehen. Das Wort *Verdorbenheit* drückt es für mich am besten aus. Äußerlich wirke ich vielleicht wie eine fromme, vornehme Ente, aber im Inneren muss ich ständig gegen meine eigene Verdorbenheit kämpfen. Erst als ich lernte, mein Wesen als »hässliches Entenküken« auch so zu nennen, konnte Gott anfangen, mich zu heilen.

Irgendwie muss es uns gelingen, auf dem schmalen Grad zu balancieren, der zwischen der vollen Erkenntnis unserer totalen Verdorbenheit und dem tiefen Verständnis unserer Gerechtigkeit in Christus ist.

Begreife dich als hässliches Entenküken

Nach dem Lexikon bedeutet *verdorben* soviel wie böse, schlecht. Weil wir in eine sündige menschliche Natur hineingeboren sind, fallen wir leider alle in diese Kategorie. Das können wir nicht ändern. Was wir aber ändern können, ist, wie wir mit unserer Erkenntnis, ein »hässliches Entenküken« zu sein, umgehen: Entweder lassen wir uns von unserer sündigen Natur beherrschen oder wir übergeben alles, was wir sind, Gott.

Es kann sehr gefährlich werden, wenn wir unsere Verdorbenheit plötzlich sehen und Gott noch nicht alles übergeben haben, besonders, wenn wir uns dabei außerhalb des »Entenhofs«, der Gemeinde, aufhalten. Denn wenn wir erkennen, wie sündhaft wir sind, werden wir von Einsamkeit und Hoffnungslosigkeit erfasst. Deshalb versuchen wir so verzweifelt, unsere Sündhaftigkeit zu verleugnen und zu verstecken. Tief in unserem Inneren wissen wir, dass wir unsere Natur weder beherrschen noch verändern können. Ich habe einmal mit Vorgesetzten zusammengearbeitet, die jede Art von Fehlern oder Irrtümern, jedes Fehlverhalten gegenüber Angestellten, jeden Fehler in der Sache, also jede »Hässlichkeit«, abstritten. Aber sie forderten voll verantwortliches Handeln von ihren Mitarbeitern und bestraften »hässliche Entenküken« hart.

Das tat mir sehr weh. Aber ehrlich gesagt fiel mir dieser Umstand nur deswegen auf, weil ich auch nicht besser war als sie. Nur ein hässliches Entenküken kann ein anderes erkennen. Vieles hätte ganz anders laufen können, wenn auch diese Vorgesetzten die »gute Nachricht« verstanden hätten:

»Weil wir so stolze Geschöpfe sind, ist es schwer für uns, die Dinge anzuerkennen, die uns nicht gefallen, die wir nicht respektieren oder von denen wir annehmen, dass andere sie verachten. Es ist so viel leichter, so viel bequemer – zumindest für den Augenblick –, einfach so zu tun, als gäbe es das Ekelhafte nicht.

Gott aber ist wahrhaftig, und zur Wahrhaftigkeit hat er uns gerufen. Er will, dass wir uns selbst kennen, damit wir begreifen, wie sehr er uns liebt. Wir brauchen uns vor dem, was in uns ist, nicht zu fürchten, egal, wie abscheulich, wie schrecklich, wie gemein es auch ist. Gott kennt das alles schon, und er liebt uns trotzdem – und das ist die eigentliche gute Nachricht von Jesus Christus.« (Clinton W. McLemore)

Was hat das alles mit Annahme zu tun? Nur in dem Maße, in dem wir unsere eigene Verdorbenheit annehmen, können wir auch die der anderen annehmen. Wir können aber die Hässlichkeit der anderen nicht tolerieren, wenn wir unsere eigene nicht sehen. Vielleicht versuchen wir sogar, damit fertig zu werden, indem wir andere niedermachen, genauso wie wir niedergemacht wurden.

Wie können wir unsere Hässlichkeit, unsere Verdorbenheit akzeptieren? Sie macht uns so große Probleme, denn wir fürchten, dass dann nur noch Hoffnungslosigkeit unser Leben bestimmen würde. Genau das Gegenteil ist aber der Fall. Wenn wir unsere Motive und Einstellungen jeden Tag ehrlich betrachten, bringen wir sie in das Licht der Gnade Gottes; dort kann er uns helfen, damit fertig zu werden.

Zum Glück habe ich heute einen Arbeitsplatz, an dem Angestellte und Vorgesetzte ihre eigene Verdorbenheit erkennen. Wie befreiend! Die Vorgesetzten hören sich die Klagen der Angestellten an und sind zu Veränderungen bereit; selbst wenn das bedeutet, Verantwortung für ihre eigene »Hässlichkeit« zu übernehmen. Kürzlich wurde ich Zeugin, wie ein Vorgesetzter sich dafür entschuldigte, einen Mitarbeiter abgekanzelt zu haben. Und der Entschuldigung folgte die notwendige Änderung. Diese Form der Aufrichtigkeit schafft eine Atmosphäre der Sicherheit; hier werden Menschen gehört, hier wird »Hässlichkeit« akzeptiert und das Problem angegangen, damit alle wachsen können; hier ist ein Ort, wo zwischen Angestellten und Vorgesetzten Achtung herrscht.

Die Voraussetzung dazu ist eine Bereitschaft, den Schmerz zu erkennen - den Schmerz, der uns von anderen zugefügt wurde, und den Schmerz, den wir anderen zufügen.

Unseren Schmerz spüren

Wenn wir unseren Schmerz als »hässliche Entenküken« spüren, fangen wir an, auf anderen herumzuhacken. Ist es dann wirklich so gut, wenn wir diesen Schmerz über unsere Sünde spüren? Wäre es nicht besser, wir würden ihn unterdrücken oder verleugnen, damit wir wenigstens nach außen hin ein »gutes« Leben führen? Natürlich - wenn wir als Pharisäer leben wollen. Jesus hat davon allerdings nichts gehalten:

> »Weh euch, Schriftgelehrte und Pharisäer, ihr Heuchler, die ihr die Becher und Schüsseln außen reinigt, innen aber sind sie voll Raub und Gier! Du blinder Pharisäer, reinige zuerst das Innere des Bechers, damit auch das Äußere rein wird!« (Matthäus 23,25-26)

Ich verstehe den Schmerz einer Geschiedenen - ich habe ihn ja selbst erlebt. Ich habe erfahren, was es heißt, in einer Ehe geschlagen zu werden und als Folge den Zerbruch der Beziehung zu erleben.

Außerdem bin ich allein erziehend. Ich verstehe es, dass man aus dem Überfordertsein bis zum Misshandeln eines Kindes getrieben werden kann. Nach einem spannungsreichen Tag komme ich erschöpft von der Arbeit nach Hause, zu fünf Kindern. Eine Forderung nach der anderen prasselt auf mich ein: »Mama, du musst sofort . . .!«, »Mama, guck mal . . .«, »Mama, ich finde nicht . . . und ich muss doch sofort zum Training!« Mit jeder Forderung werde ich noch müder und noch angespannter. Manchmal will ich den Schmerz in meinem Inneren einfach dadurch beenden, dass ich herumschreie oder mir die Hand ausrutscht. Ich will es nicht, aber ich tue es doch.

Ich kenne auch die Depression, die zu Selbstmordgedanken führt. Es gab Zeiten, in denen der tiefe Schmerz meine inneren Reserven und mein Vertrauen auf Gott so weit angriff, dass ich beinahe das Leben selbst aufgegeben hätte.

Wie bei jedem Menschen gab es auch auf meinem Weg Höhen und Tiefen. Aber die Tiefen waren so schrecklich, dass ich nicht damit zurechtkam. Lange Zeit hatte ich so getan, als wäre mein Leben im »Entenhof« einfach, gut und fair – bis alles zusammenbrach. Es war wie eine Explosion, die mich beinahe umbrachte. Aber erst, als ich mir eingestand, dass ich geschlagen, getreten und herumgestoßen wurde, konnte Gott anfangen, etwas dagegen zu tun. Es klingt verrückt, aber ich wurde immer stärker, je mehr ich die Schläge fühlte. Jedenfalls, wenn ich (und das ist sehr wichtig) nicht versuchte, nur mit meinen eigenen Möglichkeiten aus dem Elend herauszukommen, sondern mich Gott zuwandte.

Gott bietet keine schnelle Lösung an, die den Schmerz sofort lindert, aber eine bleibende Hoffnung mitten im Schmerz. Mit dieser Hoffnung kann ich mich einem Menschen in Barmherzigkeit zuwenden, der auch Schmerzen kennt. Ich kann mitleiden und doch wissen, dass wir beide überleben werden, denn unsere Hoffnung ist auf jemanden außerhalb von uns selbst gegründet. Mit einer Hoffnung kann ein Mensch viel mehr ertragen und durchstehen, als wenn er ohne Hoffnung ist. Und er kann viel leichter aktiv werden, um die Situation zu verändern.

Den Weg bereiten

Um meinen Nächsten annehmen zu können, würde ich die folgenden Schritte gehen:

1) *Liebe:* Ich entscheide mich dafür, den anderen zu lieben, egal, wie seine Lebensphilosophie, sein geistlicher Weg oder sein Verhalten aussieht.
2) *Vergebung:* Ich entscheide mich dafür, dem Anderen zu vergeben, wenn er mich während seiner Entwicklung zum »Schwan« verletzt oder beleidigt hat.
3) *Glaube:* Ich entscheide mich dafür zu glauben, dass Gott im Leben des anderen arbeitet, egal, was ich sehe.
4) *Geduld:* Ich entscheide mich dafür, geduldig darauf zu warten, dass das Bild Gottes (der Schwan) im Anderen sichtbar wird, auch wenn es ein Leben lang dauert (und das tut es).
5) *Verständnis:* Ich entscheide mich dafür, den Anderen in seinem Menschsein zu verstehen, auch wenn ich sein Verhalten nicht immer begreife.
6) *Vertrauen:* Ich entscheide mich dafür, dem Anderen zu vertrauen, und wenn dieses Vertrauen enttäuscht wird, vertraue ich von neuem.
7) *Offenheit:* Ich entscheide mich dafür, mich gegenüber dem Anderen zu öffnen, selbst wenn ich dabei verletzt werden kann.
8) *Verantwortung:* Ich entscheide mich dafür, mich des Anderen anzunehmen (*nicht* ihm alles abzunehmen), so, wie Gott sich unserer annimmt - zart, wachsam, barmherzig.

Diese Schritte stellen natürlich ein Ideal dar. Ich kann danach streben, aber als unvollkommener Mensch werde ich andere immer wieder bitter enttäuschen. Ich muss mich jeden Tag neu entscheiden. Aber ich will es, und ich tue es.

Ich bin mit dafür verantwortlich, den anderen in seiner Entwicklung zum »Schwan« zu unterstützen. Aber ich soll vermeiden, ihn zu verurteilen, wenn er sein »hässliches« Gesicht zeigt.

Das ist sehr schwierig, und manchmal ist das Urteil schon gesprochen, noch bevor ich weiß, was ich eigentlich tue. Wie können wir mit unseren hässlichen Seiten umgehen lernen, ohne Ressentiments aufzubauen oder Urteile zu fällen?

Angst abbauen

Vor was haben wir Angst, wenn es darum geht, bestimmte Menschen anzunehmen? Wenn wir wirklich dem Wunsch widerstehen wollen, auf den »hässlichen« Anderen herumzuhacken und ihn in eine Schublade zu stecken, und wenn wir den »Schwan« entdecken wollen, dann müssen wir unsere Ängste erkennen und abbauen.

Habe ich Angst davor, dass etwas Unbekanntes auf mich überspringt, wenn ich dem Anderen zu nahe komme, vielleicht in der Form eines Glaubens, einer Philosophie, einer Verhaltensweise?

Habe ich Angst davor, vereinnahmt oder geschluckt zu werden?

Habe ich Angst davor, meine elterliche Autorität zu verlieren, wenn ich mich in die Probleme meines Teenagers hineindenke?

Habe ich Angst davor, dass meine eigene hässliche Seite zum Vorschein kommt, wenn ich mich zu sehr mit dieser Seite im anderen beschäftige?

Habe ich Angst davor, meinen guten Ruf zu verlieren? Denken andere vielleicht, dass ich genauso bin wie der Mensch, den ich akzeptieren und lieben will?

Entweder kannte Jesus diese Ängste nicht, oder er war sich seines Auftrags und seiner Person so sicher, dass sie ohne Belang waren. Denn Jesus war »ein Freund der Zöllner und Sünder« (Matthäus 11,10) und wurde deswegen scharf kritisiert. Er berührte Aussätzige und besuchte sie (Matthäus 8,2-3; Markus

14,3). Er sprach mit der Frau am Jakobsbrunnen, die schon fünf Männer gehabt hatte (Johannes 4).

Können wir darauf vertrauen, dass Gott unsere Motive kennt, wenn wir versuchen, andere anzunehmen? Können wir darauf vertrauen, dass Gott uns bewahrt, wenn wir uns einem »ansteckenden« falschen Glauben oder einer unguten Verhaltensweise gegenübersehen? Können wir glauben, dass das Erscheinen unserer eigenen hässlichen Seite gewollt ist, wenn wir uns gegenseitig akzeptieren? Sind wir nicht in bester Gesellschaft, wenn wir dafür kritisiert werden, mit Sündern, wie wir es selbst sind, gesehen zu werden?

Wenn wir andere annehmen wollen, dürfen wir uns nicht von der Angst lähmen lassen, dass etwas Unbekanntes auf uns überspringen könnte. Nie werde ich meine ganze tiefe Dankbarkeit denen gegenüber ausdrücken können, die mich akzeptiert haben, obwohl vieles an mir merkwürdig und unheimlich war! Nur weil einige Menschen mitten in meiner scheinbar aussichtslosen Lage mutig auf mich zugegangen sind, bin ich ein Stück heiler geworden.

Vielleicht haben Sie keine Angst vor »Zöllnern« oder »Sündern«. Aber wie steht's mit Krebskranken? Drogenabhängigen? Ihren Eltern? Wo liegen Ihre Grenzen, wenn es darum geht, kaugummikauende Teenager auf Skateboards und mit plärrenden Radiorecordern zu akzeptieren?

Ein Blick hinter die Sünde

Was bringt uns dazu zu sündigen? Warum fand die eine Ente im Entenhof das hässliche Entenküken in seiner Andersartigkeit so abstoßend, dass sie es für nötig hielt, nach ihm zu hacken?

Das müssen wir untersuchen. Denn das Fehlverhalten eines anderen kann uns ins Stolpern bringen, wenn wir nur das Verhalten sehen.

Mein dreizehnjähriger Sohn wurde kürzlich von einem Freund abends angerufen. Ich belauschte seine Seite der Unterhaltung durch die geschlossene Tür. Das tue ich sonst nie. Es ist für mich dasselbe, als würde ich das Tagebuch eines anderen lesen. Aber mit dem Jungen, der anrief, war Dwight schon einmal in Schwierigkeiten geraten. Außerdem hörte ich auch, wie Dwight unten die Tür zuknallen ließ, um mir damit zu verstehen zu geben, dass es sich um eine höchst private Angelegenheit drehte.

Richtig oder verkehrt, ich hielt jedenfalls den Atem an, lauschte und verwünschte die Waschmaschine hinter mir, die genau in diesem Moment laut ratternd mit dem Schleudergang begann.

Trotz des Gerumpels der Maschine hörte ich diese Worte: »Ja. Ich lass das Licht an. Okay – bis um halb zwei. Tschüss.«

Ich stand an der Tür, die Arme über der Brust verschränkt, als Dwight mit einem verschmitzten Lächeln auf dem Gesicht erschien. Dann sah er mich und erstarrte.

»Und wohin willst du um halb zwei Uhr morgens gehen, wenn ich fragen darf?«, sagte ich.

»Ach – nicht weit.« Armer Dwight. Er saß in der Falle. Ich hatte ihn geschnappt, noch bevor er aus dem Fenster steigen konnte.

Dann leierte ich meine altbekannten Vorhaltungen herunter. Ich warnte vor den unheimlichen Typen, die um diese Uhrzeit noch auf der Straße herumlungerten, und beklagte den Mangel an Vertrauen. Ich erwartete schließlich, dass er um diese Zeit sicher in seinem Bett sei. Zum Schluss drohte ich ihm jahrelange Strafen an.

Am Abend, als sich der erste Ärger etwas gelegt hatte, sprachen wir davon, dass er offensichtlich unter Gottes Schutz stehe. Dies sei erst das zweite Mal, dass er vorgehabt hätte, heimlich abzuhauen, so beteuerte er, und es war auch das zweite Mal, dass er geschnappt worden war. Beim ersten Mal waren er und sein

Bruder bis zur nächsten Straßenecke gekommen, als ich sie entdeckt und zurückgerufen hatte.

Ich wollte, dass Dwights Strafe seinem Vergehen angemessen war, deshalb stellte ich ihn tatsächlich für einige Tage unter Hausarrest. Aber das erschien mir in diesem Fall nicht ausreichend. Ich war mir nicht sicher, ob es ihn in Zukunft von einem weiteren Versuch abhalten würde. Und wie konnte ich ihm nach diesem Vorfall noch vertrauen? Ich war wütend.

Warum wollte er das tun?, fragte ich Gott am nächsten Morgen.

Frag ihn doch, schien Gott zu antworten.

Also fragte ich ihn. »Dwight, warum wolltest du gestern heimlich abhauen?«

»Warum?« Er sah mich verblüfft an.

»Ja, warum? Wir sollten noch ein bisschen darüber sprechen.«

»Also, es ist einfach cool, mitten in der Nacht herumzulaufen. Alle sind im Bett, es ist dunkel und still und . . .« Er hielt inne, sah mich misstrauisch an und zuckte dann die Schultern. »Ich hatte einfach Lust dazu.«

Ich wollte ihm glauben. Trat ich nur einen Moment aus meiner Mutterrolle heraus, konnte ich mich auch mit ihm identifizieren. Ich erinnerte mich an die Zeit, als ich selbst noch ein Teenager war und meine Mutter gebeten hatte, mein Fenster wieder aufzumachen (nach dem Streichen war es durch die frische Farbe verklebt gewesen), weil ich »frische Luft« brauchte. Meine arme Mutter arbeitete ein oder zwei Stunden lang mit Hammer und Meißel, bis sie schließlich Erfolg hatte. Ich erzähle jetzt nicht in allen Einzelheiten, was ich in dieser Nacht getrieben habe, während meine Mutter friedlich schlummerte. Als Nachtmensch muss ich zugeben, dass ich heute ab und zu immer noch nicht weiß, wann es Zeit ist, nach Hause zu gehen. Ich konnte Dwight verstehen. Die frühen Morgenstunden waren für mich auch ein besonderer Genuss.

»Also, ich hab' mir was überlegt«, hörte ich mich selbst sagen, während Dwight darauf wartete, dass ich zu der bereits bestehenden »unfairen und gemeinen Strafe« noch etwas obendrauf setzte. »Es ist doch einfach dumm von dir, dass du dir all diese Mühe machst, nur um in unserer Nachbarschaft herumzuspazieren. Hier ist doch nichts los. Du solltest mit jemandem, der ein Auto hat, irgendwo hinfahren, wo was geboten wird.«

Er sah mich immer noch misstrauisch an. »Was meinst du damit?«

»Hier ist um halb zwei Uhr nachts nichts los«, fuhr ich fort. »Aber wir könnten uns etwas überlegen. Auf dem Capitol Hill gibt es eine Spätvorstellung im Kino, und dann könnten wir noch in ein Lokal gehen, das die ganze Nacht geöffnet hat ...«

Dwights Augen wurden immer größer. »Wirklich?« Ein Strahlen breitete sich auf seinem Gesicht aus.

»Ich hoffe, es macht dir nichts aus, mit deiner Mutter wegzugehen. Ich zieh' mir auch eine Jeans an und versuche, richtig cool zu sein – und vielleicht merkt's dann keiner.«

»Wirklich wahr? Mensch, das ist ja spitze!«

Und genau das taten wir – nachdem Dwights Hausarrest vorbei war. Es machte riesigen Spaß. Wir kamen uns ein ganzes Stück näher und gewannen ein vertrauensvolleres Verhältnis zueinander. Doch das Wichtigste war, dass Dwight merkte: Ich nahm ihn so an, wie er war.

Vielleicht sind nicht alle Leser mit meinen Maßnahmen einverstanden. Aber weil ich meinen Sohn annehmen wollte, ging ich über meine normale Bequemlichkeit hinaus und nahm sogar die Missbilligung derer in Kauf, die meinten, ich würde nur das »schlechte Benehmen meines Kindes belohnen«.

Es gibt eben etwas, was mir wichtiger ist, als die richtige Bestrafung zu finden: Ich will erkennen, wie ich Dwight in seiner Entwicklung vom hässlichen Entenküken zum Schwan unterstützen kann. Das Vertiefen von Beziehungen hilft dabei meistens besser als das Bestrafen von schlechtem Benehmen.

Und geht nicht auch Gott so mit seinen Kindern um? So wichtig es ist, sich mit unseren Hässliche-Entchen-Seiten auseinanderzusetzen, genauso wichtig ist es auch, unsere verborgenen Seiten des Schwans zu erkennen. Zwar sind wir Sünder, aber Gott sieht uns durch Christi Blut als gerechtfertigt an und beginnt von diesem Punkt aus seine Beziehung zu uns.

6. Herausforderungen annehmen

»Piff! Paff!«, ertönte es abermals, und ganze Scharen von Wildgänsen flogen aus dem Schilf auf, und dann knallte es wieder. Eine große Jagd fand statt; die Jäger lagen rings um das Moor herum, ja, manche saßen oben in den Bäumen, die weit über das Schilf hinwegragten; der blaue Dampf wallte wie Wolken zwischen den dunklen Bäumen dahin und hing weit über dem Wasser; durch den Schlamm kamen die Jagdhunde, klatsch, klatsch! Schilf und Binsen bogen sich nach allen Seiten auseinander, das war ein Schrecken für das arme Entchen.

Es ist selten, dass ich einen Menschen treffe, der mir auf Anhieb unsympathisch ist. Joyce war eine Ausnahme. Schon als ich sie zum ersten Mal sah, fühlte ich mich nicht ganz wohl. Ich konnte nicht genau sagen, warum, es war so ein ungutes Gefühl in der Magengegend. Doch alle in meinem Freundeskreis schienen sie zu bewundern. Sie wusste so viel. Sie war eine Leiter-Persönlichkeit. Und sie erschien sehr selbstsicher. Meine Existenz auf diesem Planeten war erst dann von Interesse für sie, als ich eine berufliche Position erreicht hatte, die ihr von Nutzen war.

Ich weiß nicht mehr genau, wann mein ungutes Gefühl ihr gegenüber zu einer echten Sorge über ihren unstillbaren Machthunger wurde. Vielleicht war es ein Moment, in dem ich – einmal mehr – ihre gehässigen Kommentare über andere hörte. Oder als sie eine andere Person in meiner Gegenwart niedermachte. Oder als ich beobachtete, wie sie andere Menschen mit großer Lässigkeit nach und nach aus ihrem Leben hinausdrängte, weil diese nicht ihren hohen Ansprüchen an Selbstdisziplin, Moral und Professionalität entsprachen.

Wie alle anderen war auch ich bis dahin mit ihr nachsichtig, betete für sie und vergab der »armen Joyce« immer wieder.

»Sie weiß bestimmt nicht, was sie tut«, war eine oft gehörte Bemerkung. »Wir müssen für sie beten.« Und das taten wir. Vielleicht waren es sogar Hunderte, die für sie beteten, denn ihr Einflussbereich war sehr groß.

Aber auf einmal wurde meine Familie direkt von Joyce' Machthunger betroffen, und meine Sorge verwandelte sich in Zorn. Wir hatten ihr zu lange erlaubt, uns zu benutzen – alles unter dem Deckmantel der christlichen Nächstenliebe.

Joyce war Christin, doch niemand hatte sich je getraut, ihr die Stirn zu bieten, aus Angst, den Leib Christi zu spalten. Aber jahrelang hatten wir zugesehen, wie sie versucht hatte, *uns* zu spalten.

»Herr, das ist einfach nicht fair«, schluchzte ich eines Abends, als ich vor unserem offenen Kamin kniete und Holzstücke ins Feuer schleuderte. »Sie verdient unsere Vergebung nicht mehr. Sie ist es nicht wert . . .«

Ich merkte, dass ich nahe daran war, bitter zu werden; ich musste mich vorsehen.

Aber mir war auch etwas anderes klar geworden. Der Tag der Abrechnung war gekommen. Lange genug hatten wir alles hingenommen, alles verziehen und nur eine verweichlichte Liebe gezeigt. Jetzt war es Zeit, dem »hässlichen Entchen« die Stirn zu bieten. *Aber warum ich, Herr?,* fragte ich. *Sie hat viele Menschen verletzt.*

In diesem Augenblick erkannte ich, wie Gott die Jahre der Misshandlungen, die ich in meiner Ehe erlitten hatte, gebrauchen konnte. Niemand war wohl für diesen Missstand so sensibilisiert wie ich – oder es wollte ihn keiner sehen oder etwas dagegen unternehmen. Besonders nicht in der Gemeinde Christi, wo solche Dinge unter den Teppich gekehrt werden, weil wir doch alle in der Liebe wachsen sollen. Aber wenn ein »hässliches Entchen« mich oder andere misshandelt und sich nicht ändern will, muss ich etwas dagegen tun.

In solchen Situationen kann man natürlich auch übers Ziel

hinausschießen. Wir sollten uns das in dem Moment klarmachen. Wenn uns die Gefahren aber bewusst sind, sollten wir mutig handeln.

Wie ein Nebel

Wenn der »blaue Dampf aus den Gewehren« die Sicht in unserem Leben und in unseren Beziehungen vernebelt und wir nicht weit genug sehen können, sind wir zu verwirrt, um weise Entscheidungen zu treffen. Wir wollen anderen so gern Liebe, Vergebung und Annahme entgegenbringen, aber wir haben Angst, dass wir dann von ihnen ausgenutzt werden.

Kürzlich schüttete ich Gott mein Herz wegen meiner Kinder aus. *Ich bin so schrecklich enttäuscht. Ich dachte immer, deine Liebe könnte alles und jeden überwinden. Aber hier funktioniert es einfach nicht. Ich hab' alles versucht, um zu lieben und anzunehmen, aber alles wird nur noch schlimmer. Was soll ich bloß tun?* Meine Sichtweite war gleich Null.

In diesem Moment steckte mein neunzehnjähriger Sohn seinen Kopf ins Zimmer und sah, wie fertig ich war. Es schien ihn zu berühren, er kam zu mir und drückte mich mit seinen kräftigen Armen. »Eines Tages wirst du auf mich stolz sein, Mom. Weißt du, was mir so gut an dir gefällt? Dass du mich nie dort lässt, wo ich bin. Immer spornst du mich an, mehr zu wollen.«

Dann verschwand er genauso schnell, wie er gekommen war. Ein Neunzehnjähriger kann weibliche Gefühle wohl nur zu einem gewissen Teil verstehen, selbst wenn die betreffende Frau seine Mutter ist. Aber diesmal hatte er mich verstanden.

Ja, er war zwar weg, aber ich hatte plötzlich mehr Hoffnung. Die Worte, die er gesagt hatte, waren mir noch im Gedächtnis: »Eines Tages.« Eines Tages – wenn die richtige Zeit gekommen ist und die Nebel sich verflüchtigt haben – wird plötzlich ein »Schwan« zu erkennen sein.

Aber was sollen wir in der Zwischenzeit tun, wenn unser Blick vernebelt ist? Was sollen wir tun, wenn wir nicht wissen, in welche Richung wir mit anderen »hässlichen Entenküken« gehen sollen? Der Nebel kann unser Freund oder unser Feind sein. Ist er unser Feind, dann verunsichert uns der blaue Dunst völlig; anstatt darauf zu warten, dass wir wieder sehen können, treffen wir Entscheidungen, die aus unserer Angst kommen. Doch wir sollten lieber Gott *im Nebel* vertrauen und langsam vorwärtsgehen.

In der Sache mit Joyce erlebte ich diesen »Nebel« auch, und weil ich nicht wusste, was ich tun sollte, wäre es vielleicht am einfachsten gewesen, die Hände in den Schoß zu legen. Ich erinnere mich aber noch, dass ich Schritt für Schritt um Gottes Führung betete und allmählich durch den Nebel hindurch erkannte, wie hier eine realistische, »harte« Liebe aussehen konnte. Rückblickend glaube ich, dass wir manchmal diese Art »Nebel« erleben, wenn wir uns auf einem neuen Gebiet nur unsicher bewegen können.

Ich weiß noch, wie meine Mutter an Krebs erkrankte. Der »Nebel« war so dicht wie noch nie; ich wusste nicht, ob ich ihr die Erlösung predigen oder einfach nur ein Beispiel für Gottes Liebe sein sollte. Langsam zeigte mir Gott den Weg. Als eifrige, junge Christin hatte ich sie oft mit meinen lästigen Predigten abgeschreckt. Ich bat Gott, mir zu helfen, ihr meine Liebe zu zeigen – eine ganz neue Erfahrung für mich, da weder meine Mutter noch ich uns während der letzten Jahre darin geübt hatten. Doch als ich damit begann, verschwand nicht nur der Nebel, sondern ich glaube auch, dass meine Mutter – auf ihre Art – ihr Herz Gott öffnete, bevor sie starb.

So machen wir uns den Nebel zum Freund. Wir akzeptieren das Verwirrende einer Situation, wissen aber dabei, dass es vorübergehen wird; aber vor allen Dingen ist uns bewusst, dass diese Zeiten große Gelegenheiten sind, im Glauben und im Vertrauen zu Gott zu wachsen.

Von Jägern umgeben

Kein Wunder, dass es »ein Schrecken für das kleine hässliche Entenküken« war. Wie kann ein Küken in einem Moor überleben, das von Jägern umstellt ist?

»Jäger« sind überall, und manchmal sind sie dort, wo wir sie am wenigsten erwarten. Sie tauchen mit ihren geladenen Gewehren in unseren Gemeinden, Familien, ja sogar unter unseren Freunden auf.

Das Ziel eines Jägers ist es, Wild aufzuspüren und zu erlegen. Wie können wir überleben, wenn wir von Jägern umgeben sind?

Natürlich, indem wir uns verstecken. Ich werde mit Sicherheit nicht meinen Kopf aus dem Schilf stecken, wenn jemand hinter mir her ist. Denn obwohl Jäger normalerweise eine bestimmte Beute ins Visier nehmen, sind sie manchmal auch nur schießwütig. Dann gehen sie auf alles los.

Ich weiß noch, wie ich in einer Großstadt einmal eine christliche Konferenz besuchte. Während einer Pause verschwand ich mit einer Freundin in einem Schnellimbiss ganz in der Nähe. Gerade als ich in meinen saftigen Hamburger beißen wollte, kam eine Gruppe von Konferenzteilnehmern an unserem Tisch vorbei. Eine Frau sah uns und gab sich durch ein breites, »frommes« Lächeln zu erkennen.

»Wie schön, der Herr hat euch dasselbe gesagt wie uns«, säuselte sie. »Ist es nicht wunderbar, dass wir auch an so einem Ort für Gott etwas tun können?« Doch dann beäugte sie misstrauisch unseren gemütlichen Ecktisch mit den Hamburgern. Ihr Lächeln wurde etwas dünner.

Hatte sie etwa den Verdacht, wir wären hier, um Hamburger zu essen, anstatt zu missionieren? Unwillkürlich kam mir der Gedanke, ob sie nicht auch aus diesem Grund hergekommen war und uns jetzt nur deswegen etwas vom Missionieren erzählte, weil es von ihr erwartet wurde. Sie tat mir direkt ein bisschen Leid.

Können wir nicht einfach mal nur Menschen sein? Einen Hamburger essen, Tennis spielen, Musik hören, ganz ohne fromme Hintergedanken? Doch während ich merkte, dass ich für diese Frau Mitleid empfand, registrierte ich noch ein anderes Gefühl - das Gefühl, gejagt und bespitzelt zu werden.

Wir waren schließlich in diese Stadt gekommen, um ein christliches »Zeugnis« zu geben, nicht um Hamburger zu essen! Meine Freundin und ich standen unter Verdacht, weil wir offensichtlich unseren »Zweck« nicht erfüllten, und ich hatte das Gefühl, als stünde ein »Jäger« vor mir.

Leider habe ich mich auch schon an solchen Jagden beteiligt. Aber eigentlich trete ich nicht gern wie ein Mensch auf, vor dem »hässliche Entenküken« Angst kriegen und sich in ein Versteck flüchten, sobald sie ihn sehen. Manche Leute haben jedoch Vergnügen daran, eine solche Macht über andere auszuüben.

Wenn wir selbst so einen »Jäger« in uns entdecken, mit geladenem Gewehr, der mit wachsamen Augen die Umgebung nach Beute absucht, sollten wir sehen, dass wir diesen Burschen so schnell wie möglich wieder loswerden, bevor er Schaden anrichtet.

Die wirkliche Gefahr der Jäger liegt darin, dass sie sich vervielfachen; sie wollen uns auf ihre Seite ziehen. Dagegen müssen wir uns wehren und stattdessen den Weg der Aufrichtigkeit wählen - den Weg des »Schwans«. Auch das Tragen eines Gewehrs müssen wir ablehnen, damit es sich nicht gegen jemanden richtet, den wir nicht verstehen. Gottes Liebe ist die einzige Waffe, die wir brauchen.

Der schreckliche Krach

Henry David Thoreau sagte einmal: »Man kann nicht gleichzeitig Musik und Krach hören.« Mir ist aufgefallen, dass die Gemeinde Jesu Christi oft viel »Krach« macht. Ich selbst nehme mich dabei nicht aus. Wir halten über eine lange Zeit einen so hohen »Lärmpegel« aufrecht, dass ich mir nicht sicher bin, ob uns überhaupt noch jemand hört. In unserer hektischen Zeit verbreiten wir vor allem so etwas wie dumpfe Hintergrundgeräusche.

In diesem »Krach« geht die leise Musik, die Gott für uns spielt, unter – sein Flüstern, sein Herzschlag, sein Takt.

Wenn wir Musik und Krach nicht gleichzeitig hören können, dann müssen wir unser Leben so gestalten, dass der Krach mehr in den Hintergrund und die Musik mehr nach vorne rückt.

Für mich gibt es drei verschiedene Arten von »Lärm«, die sich mit Gottes »Musik« nicht vereinbaren lassen.

Zum einen die *Stimmen von außen.* Es gibt Menschen, und dazu gehören zum Beispiel auch meine Kinder, die alles im Leben nur schwarzweiß malen, und sie wollen mir diese Sichtweise am liebsten auch aufdrücken, laut und deutlich. Sie entscheiden blitzschnell, welches »hässliche Entenküken« es wert ist, gerettet zu werden, und welches nicht; welche Ereignisse im Leben verarbeitet und welche unterdrückt oder ignoriert werden; und wen ein »hässliches Entchen« auf seinem Weg mitnehmen kann und wen nicht.

Je mehr wir auf die Stimmen von außen hören, umso lauter werden sie und umso mehr beeinflussen sie unser Leben. Es gibt Menschen, die ein ideales Opfer für solche Stimmen sind; sie laden sie in ihr Leben ein und lassen sich kritiklos davon bestimmen. Die einzige Möglichkeit, so einer Invasion vorzubeugen, besteht darin, aufzustehen und zu sagen: »Jetzt ist es genug! Von jetzt an will ich nur noch ›Musik‹ hören, und alles, was anders klingt, ist unerwünscht.«

Eine Freundin von mir hat genau das getan. Vorher hatte sie sich viele Jahre lang von ihrem Ehemann, ihren Kindern, ihren Freunden und ihren Arbeitskollegen vorschreiben lassen, was sie mit ihrem Leben tun müsste. Sie war so sehr darauf angewiesen, allen zu gefallen, dass sie total abhängig davon wurde.

Schließlich merkte sie, dass es ihr überhaupt nicht gut tat, sich die Vorstellungen der anderen aufdrücken zu lassen. Doch als sie ihr »Halt!« schrie, konnten die anderen nichts damit anfangen. Sie beschuldigten meine Freundin der Rebellion, sie unterstellten ihr, ihren Verstand verloren zu haben, und forderten sie auf, sich zusammenzureißen und die Ohren aufzusperren. Aber genau das hatte sie ja immer getan. Es wurde ein schrecklicher Krach, aber meine Freundin hielt durch und bisher behauptet sich dieses »hässliche Entchen« recht gut.

Die zweite Form des Lärms hat etwas damit zu tun, *wie wir mit unserem Besitz umgehen.* Unsere materiellen Besitztümer stellen eine äußere Ablenkung dar, denn sie halten uns ständig in Atem. Ständig sind wir am Kaufen, Saubermachen, Reparieren, Lagern und Absichern. Ich hasse das an mir. Vor kurzem kaufte ich mir ein »Midlife-Crisis«-Auto, einen makellosen, weißen Sportwagen. Ich ertappte mich dabei, wie ich häufig aus dem Fenster schaute, um zu sehen, ob er noch da war. Als ich aber für einige Tage wegmusste und eine Freundin bat, während meiner Abwesenheit nach dem Auto zu sehen, damit es unbeschadet bliebe, wusste ich: Das Auto war ein Problem geworden. So sehr sorge ich mich nicht einmal um meine Kinder, wenn ich wegfahre! Es ist wirklich erschreckend.

Besitz erzeugt einen eigenen »Lärm« und besetzt unsere Gedanken in einer Weise, dass sie vom Wesentlichen abgelenkt werden.

Die dritte Form des »Lärms« ist *in uns.* Die Zwiegespräche, die wir mit uns selbst halten, verursachen ebenfalls einen unglaublichen »Lärm« in unserem Kopf, den wir anscheinend nicht abschalten können, egal, wie sehr wir es auch versuchen. Zu diesen Zwiegesprächen gehören Aussagen wie: »Gib's auf. Du schaffst es ja doch nicht.« »Was du da gemacht hast, war wirklich dumm. Eigentlich bist *du* dumm.« »Sieh dir da drüben mal das hässliche Entchen an. Am besten holst du gleich dein Gewehr.«

Dieses »Getöse« hört einfach nicht auf. Ich bemerke es heute viel mehr als früher. Deshalb bin ich auch besser gerüstet, es abzuschalten und stattdessen Gottes Musik zu hören. Je mehr »Musik« ich höre, desto größer wird mein Verlangen danach und desto mehr wächst mein Ärger über den »Lärm«.

Zu viele Entschuldigungen

Meine Freundin Marie ist Deutsche. Sie behandelt ihre Freunde nach Lust und Laune, wie sie gerade will. Immer suchen wir nach Entschuldigungen für sie. Wir sagen: »Sie machen das eben in Deutschland so«, oder Ähnliches.

Ich weiß nicht mehr genau, wann mir das zum ersten Mal auffiel. Als sie mir dann wieder einmal eine scharfe Erwiderung gab, stand ich auf und ging weg. Aber später, bei einer anderen Freundin, ließ ich meiner Wut freien Lauf. »Ich hab' die Nase voll von Maries Direktheit!«, begann ich. »Weißt du, was sie mir heute an den Kopf geworfen hat?« Noch bevor ich alles erzählen konnte, wurde ich von meiner Freundin unterbrochen: »Sie ist doch nur so, weil in Deutschland . . .«

Aber das wollte ich nicht mehr hören. »Das ist nicht fair. Sie kann sich anderen gegenüber alles erlauben, nur weil es in Deutschland angeblich so üblich ist. Ich habe diese Entschuldigungen satt. Ich kann andere auch nicht so behandeln, und wenn ich mich vergesse, dann muss ich mich hinterher entschuldigen.« Ich war immer noch sauer, und ich wusste, dass ich etwas unternehmen musste.

Als Erstes machte ich mir klar, dass ich Maries Worte nicht persönlich nehmen durfte; sie redete mit allen so direkt. Trotzdem konnte ich ihr das nicht einfach weiter durchgehen lassen. Manchmal muss man einfach »Aua!« rufen, damit der andere merkt, wie verletzend er ist.

Genauso bin ich vorgegangen. Neulich rief sie mich an und sagte plötzlich: »Irgendetwas stimmt nicht. Ich merke, dass ich im Unterricht zu viel schreie (sie unterrichtet Mädchen in Sport). Einige haben ein paar Bemerkungen gemacht, ein paar andere haben sogar ganz aufgehört. Auch meine eigenen Kinder scheine ich zu erschrecken. Ich verstehe zwar nicht warum, aber ich bitte Gott, dass er mir den Grund zeigt.« Genügend Menschen hatten »Aua!« gesagt, und meine Freundin hatte innegehalten und angefangen, auf ihre Reaktionen zu achten.

Wir tun uns und anderen keinen Gefallen, wenn wir liebloses Verhalten ständig entschuldigen. Haben Sie die Tendenz dazu bei sich selbst auch schon festgestellt?

»Weine nicht, mein Schatz. Dein Vater ist eben manchmal so brummig, aber in Wirklichkeit hat er ein gutes Herz.«

»Ach, so ist Gretchen eben. Sie wird sich nie ändern.«

»Unsere Mutter hat wieder einmal Kopfweh. Nimm's nicht zu ernst.«

»Er ist so, weil er ohne Vater aufgewachsen ist.«

»Sie ist als Kind missbraucht worden . . .«

Alle diese Entschuldigungen sind eine Zeit lang in Ordnung. Jeder von uns schiebt die Schuld gern auf andere oder die Umstände – schlechte Jugend, Kopfschmerzen und vieles mehr. Wir haben alle unsere Gründe, warum wir uns lieblos verhalten, und es hilft, wenn wir diese Gründe kennen. Aber wenn wir nicht aufpassen, dann werden diese Gründe zu dauerhaften Entschuldigungen (besonders, wenn es funktioniert), und wir entwickeln uns nicht weiter.

Ich erinnere mich, wie ich eines Morgens aufwachte und erkannte, dass ich nicht meinen früheren Mann oder meine Mutter für alle meine Probleme verantwortlich machen konnte. Vielleicht hatten sie den Ball ins Rollen gebracht, aber jetzt war es *mein* Ball, und ich musste ihn in eine neue Richtung rollen.

Grenzen

Eine Schwäche, die uns daran hindert, so zu werden, wie Gott uns gemeint hat, ist unsere Unfähigkeit, Grenzen zu setzen. Unser verzweifelter Wunsch, in unserer »Hässlichkeit« angenommen zu werden, hält uns davon ab, uns gegenüber dem lieblosen Verhalten eines anderen abzugrenzen.

Das hässliche Entchen musste immer alles ausbaden. Ständig brachte es sich in Situationen, in denen es von anderen verletzt wurde. Der Grund dafür war nicht, dass es dumm war, sondern dass es verzweifelt nach Liebe und Anerkennung suchte. In gewissem Sinne setzte das Entenküken Grenzen, wenn es ums nackte Überleben ging; es machte sich immer dann aus dem Staub, wenn ein anderer versuchte, es zu etwas zu zwingen, Gewalt gegen es anzuwenden.

Bevor es sein Spiegelbild als Schwan sieht und dadurch an Kraft gewinnt, ist es von Natur aus in einer schwachen Position. Es ist sehr verletzlich. Aber weil es sich danach sehnt, geliebt zu werden, kann es erst Grenzen setzen, wenn es durch Misshandlung schon Schaden genommen hat.

Als Kinder brauchen wir die Liebe und Anerkennung unserer Eltern, deshalb können wir keine Grenzen setzen. Wenn sich unsere Eltern auch an keine Grenzen halten können oder wollen, sind wir hilflos. Soweit ich weiß, hat sich meine Mutter auch nie selbst Grenzen gesetzt, allerdings habe ich mich von ihr nie besonders angegriffen gefühlt, außer einmal, als sie ohne Erlaubnis mein Tagebuch gelesen hat. Deshalb bereitete es mir große Schmerzen, als mein Mann, der keine Zurückhaltung kannte, ständig meine Grenzen missachtete. Er holte sich, was er wollte und wann er es wollte.

Ich erinnere mich noch, wie ich eines Tages in die Garage kam, die er gerade aufräumte. Da sah ich, wie er eins meiner Stofftiere, es war ein Frosch, einem kleinen Mädchen auf dem Gehsteig gab. Ich dachte, er wolle ihn ihm nur zeigen.

Ich wandte mich für ein paar Minuten ab, doch als ich mich wieder umdrehte, war das kleine Mädchen verschwunden. Mein Frosch auch. Mein Mann pfiff fröhlich vor sich hin.

»Wo ist mein Frosch?«, fragte ich.

»Hmm?« Er sah mich einen Moment verwirrt an. »Ach, meinst du dieses alte Stofftier, das ich gerade dem kleinen Mädchen geschenkt habe?«

»Du hast es ihr *geschenkt*?« Ich musste schlucken.

»Ja. Was ist damit?«

»Ich hab' den Frosch von meiner Großmutter geschenkt bekommen.« Meine Großmutter war erst kürzlich verstorben.

Er schien mich nicht einmal gehört zu haben. Er zuckte die Schultern. »Geben ist seliger denn nehmen. Du kannst dir ja wieder einen kaufen, wenn's dir so wichtig ist.«

»Nein, du verstehst mich nicht. Meine Großmutter . . .«

»Deine Großmutter ist tot. Und das kleine Mädchen hat sich so gefreut. Sei nicht so egoistisch.«

Egoistisch. War ich das wirklich? Das war nur eine von vielen ähnlichen Situationen. Er missachtete meine Grenzen, und wenn ich »Aua!« sagte, wurde ich beschuldigt, egoistisch zu sein. Oder »nicht christlich«, »kalt« oder »ungeistlich«.

Ich konnte mich noch an das Weihnachtsfest erinnern, als ich den Frosch von meiner Großmutter geschenkt bekommen hatte. Doch jetzt war er weg.

Aber ich brauchte die Anerkennung meines Mannes. Ich wollte, dass er dachte, ich stehe über dem Verlust eines kleinen, dummen Stofftieres, besonders, weil er ein kleines Mädchen glücklich gemacht hatte. Was war nur los mit mir?

So begann ich, jedes Mal, wenn ich verletzt worden war, den Schmerz zu unterdrücken. Ich war zu sehr auf die Anerkennung meines Mannes angewiesen.

Doch es geht auch anders herum. Manchmal stelle ich anderen zu viele Fragen oder bohre zu tief nach, bevor ich meine

Anerkennung zum Ausdruck bringe. Aber ich lerne, umsichtiger und sensibler zu werden.

Ich erinnere mich noch, wie einer meiner Söhne im Teenager-Alter Grenzen setzen lernte. Ich hatte ihm eine Frage gestellt. Er wollte schon antworten, wie immer, doch plötzlich hielt er inne. »Moment mal. Warum soll ich dir das sagen?«

Ich zuckte die Schultern, und mir wurde selbst etwas bewusst. »Du musst meine Fragen nicht alle beantworten«, sagte ich.

Er sah erleichtert aus. »Stimmt.« Ich hatte ihm gerade erlaubt, Grenzen zu setzen.

7. Unterschiede akzeptieren

»Ihr versteht mich nicht!«, sagte das Entenjunge.

»Ja, verstehen wir dich nicht, wer wollte dich dann verstehen! Du willst doch wohl nicht etwa klüger sein als der Kater und die Frau, von mir ganz zu schweigen! Stell dich nicht an, Kind, und danke du deinem Schöpfer für all das Gute, was man für dich getan hat! Bist du nicht in eine warme Stube gekommen und hast Gesellschaft, von der du etwas lernen kannst? Aber du bist ein Faselhans, und es macht keinen Spaß, mit dir zu verkehren! Mir kannst du glauben! Ich meine es gut mit dir, ich sage dir unangenehme Dinge, und daran kann man seine wahren Freunde erkennen! Sieh du nur zu, dass du Eier legst und schnurren oder knistern lernst!«

»Ich glaube, ich gehe in die weite Welt hinaus!«, sagte das Entchen.

»Ich habe ihm die Schulter gebrochen«, sagte Ruth.

Ich verschluckte mich fast an meiner Minestrone. »Was hast du getan?«

»Ich habe ein ein Meter langes Holzstück geschnappt und ihn damit geschlagen. Dabei brach er sich die Schulter. Er musste ins Krankenhaus.«

Ich sah meine Freundin genau an, um zu erkennen, ob sie Witze machte. Wenn eine Frau davon spricht, was sie ihrem früheren Ehemann am liebsten alles antun würde, sind Übertreibungen immer möglich. Hier ging es aber nicht um Wünsche.

»Du hast ihm wirklich die Schulter gebrochen?« Ich stellte mir vor, wie die zierliche Frau, die mir gegenübersaß, ein Holzstück schwang und damit den stämmigen Mann traf, der einmal ihr Ehemann gewesen war. »Da musst du aber sehr wütend gewesen sein.«

»Das war ich auch.«

»Warum?«

Die tragische Geschichte, die darauf folgte, hatte eigentlich schon Jahre vorher begonnen. Ein verheiratetes Paar, im Streit entzweit, schließlich geschieden, konzentrierte sich jetzt, jeder für sich, ausschließlich auf eines: den blauäugigen, vierjährigen Sohn, der ständig zwischen den beiden hin- und hergeschoben wurde. Wenn es um den Sohn ging, konnten die beiden nie zu einem Konsens kommen, und ihre letzte Auseinandersetzung hatte also sogar gewalttätig geendet.

Ruth war genauso wie ich in ihrer Ehe von ihrem Mann misshandelt worden. Weil ich ihre Geschichte kannte, konnte ich ihre starke Reaktion verstehen. Zwar hatte ich meinem Mann nie etwas gebrochen, aber vielleicht hatte sich mir auch nur nie die Gelegenheit dazu geboten. Doch in diesem Fall ging es mir darum, meiner Freundin Ruth treu zu bleiben und sie auf ihrem Weg zum »Schwan« zu begleiten.

Wie konnte ich das am besten tun? Wie kann ich meinen Freunden treu bleiben, wenn sie für eine Weile verrückt spielen? Wie kann ich treu bleiben, wenn ich selbst durch das Verhalten einer Freundin verletzt werde? Wie kann ich das Verhalten eines anderen verstehen, wenn es weit von allem entfernt ist, was ich je erlebt habe?

Reaktionen

Wenn mir jemand so etwas erzählt wie meine Freundin Ruth – wie soll ich da reagieren? Soll ich die Hände meiner Freundin nehmen und sagen: »Meine Liebe, da hast du dich aber wirklich vergangen. Du solltest Buße tun«?

Soll ich entsetzt aufschreien: »Ich dachte, du bist Christin!«? Oder soll ich meinen Mund halten und hoffen, dass auch mein Schweigen meine Missbilligung ausdrückt – wenn ich ihre Handlung missbillige? Geht es hier überhaupt um Billigung oder

Missbilligung? Meine Freundin hatte mir gerade von den »Höhepunkten« des vergangenen Abends erzählt. Sie hatte mich dabei nicht um Rat gefragt.

Eigentlich habe ich die »Was-man-tun-sollte«-Überlegungen schon vor langer Zeit aufgegeben. Heute mache ich mir deshalb keine Gedanken mehr; stattdessen versuche ich, einfach zuzuhören und da zu sein.

Die Henne hätte nicht armseliger auf das Klagen des hässlichen Entenkükens – »Ihr versteht mich nicht!« – reagieren können. Sie sagte ihm ziemlich eindeutig: »Du bist dumm.« »Stell dich nicht so an.« »Du solltest dankbar sein.« »Sei nicht so überempfindlich.« »Mach was Positives aus deinem Leben – sei wie ich.«

Und das nur, weil das hässliche Entenküken sein Verlangen danach ausgedrückt hatte, etwas zu tun, was alle Enten und Schwäne tun: schwimmen. Schon für sich betrachtet war die Reaktion der Henne grausam und selbstgerecht. Aber in diesem Fall war sie katastrophal, weil das Entenküken dafür kritisiert wurde, dass es einfach es selbst sein wollte.

Als ich Christin wurde, war es ein herrliches Gefühl für mich, zu dieser großen, wunderbaren Familie Gottes zu gehören. Als Einzelkind aufgewachsen, kannte ich die Isolation nur zu gut. Jetzt gehörte ich zu einer großen, liebevollen Gemeinschaft – das war mehr, als ich je erhofft hatte.

Auch das hässliche Entenküken hatte gedacht, in der Hütte der alten Frau eine liebevolle Gemeinschaft zu finden. Ich kann mir allerdings nicht vorstellen, warum es noch geblieben ist, als die Frau ihre Vorstellungen laut werden ließ: »Nun bekomme ich Enteneier, wenn es bloß kein Erpel ist! Das müssen wir ausprobieren!« Vielleicht dachte das hässliche Entchen, es könnte Eier legen, ja, vielleicht versuchte es das sogar.

Ich hab's auch probiert. Aber ich habe es zu lange und zu intensiv probiert. Es schockte mich nicht so sehr, als ich merkte, dass ich nur ein »hässliches Entchen« war und keine »Eier«

legen konnte; vielmehr schockte es mich, dass ich die Wärme der Gemeinschaft verlassen musste, weil der Druck in der Gemeinde für mich zu groß wurde, mich in ein Bild einzufügen, in das ich nicht passte. Auch ich musste in die Welt hinaus.

Vielleicht ist der Grund für so einen Druck eine Sünde. Oder unsere Verständnislosigkeit gegenüber einem Problem. Vielleicht ist es eine Entscheidung oder eine Werteskala, die nach unserer Meinung gegen biblische Prinzipien verstößt. Wenn wir reagieren müssen, halten wir dann vor allem stolz den Gedanken der Gerechtigkeit hoch? Zitieren wir dann die Bibel, zeigen deutlich unsere Missbilligung und halten an göttlichen »Prinzipien« fest? Vielleicht sehen wir uns sogar in der Rolle eines modernen Propheten und rühmen uns, die »Wahrheit in Liebe« gepredigt zu haben?

Aber wenn die betroffene Person gegangen ist, sollte uns eine Frage verfolgen: Was ist wichtiger, Beziehungen oder Prinzipien? Was hat mehr Bedeutung, Menschen oder Grundsätze? Vielleicht ist beides gleich wichtig. Vielleicht ist eine Entscheidung für das eine und gegen das andere gar nicht notwendig.

Jesu Reaktion auf *Sünde* war, dass er am Kreuz für *Menschen* starb. Ich schließe daraus, dass Jesus den Menschen über alles stellte. Was ist mir das Wichtigste? Warum sind so viele Christen heutzutage besessen von dem Gedanken, das Gesetz zu halten und alle anderen auch dazu zu verpflichten? Jesus hat uns vom Gesetz befreit. Ist es nicht tragisch, dass wir, sobald wir Christen werden, uns darauf konzentrieren, das tote Gesetz zu halten, anstatt unsere Freiheit anzunehmen?

Diejenigen, die zu einer ähnlichen Reaktion wie die der Henne neigen, folgen damit einer krampfhaften Angst, das Gesetz ja nicht zu brechen, anstatt Menschen den Vorzug zu geben.

Die Motive erkennen

Ein Verhalten, das wir nicht verstehen – egal, ob es unser eigenes Verhalten ist oder das eines anderen –, macht Angst. Der Schlüssel ist, den Blick nicht auf das vordergründige Verhalten zu konzentrieren, sondern auf *Gottes Hilfe,* die Menschen wachsen lässt, und *unsere Möglichkeiten,* wie wir den anderen am besten lieben können.

In Beziehungen spielen die Anliegen vieler eine Rolle. Es ist herrlich für mich zuzusehen, wie Gott unsere Wege sich kreuzen und verbinden lässt. Aber staunen kann ich nur darüber, wenn ich mich auf sein Handeln konzentriere und nicht auf das Verhalten der Menschen. Sonst verpasse ich das Wunder.

Leider verpassen wir Gottes Wunder oft, und das nicht nur, weil wir menschliches Verhalten im Blick haben. Es hängt auch davon ab, ob wir wachsen wollen, und wie sehr wir das wollen.

Ich habe schon von einigen Freundinnen erzählt, die über mein verdrehtes und selbstzerstörerisches Verhalten anhaltend hinwegsahen. Sie waren einfach für mich da, ohne ständig den Finger auf die Dinge zu legen, die hinter dem Verhalten steckten: Unsicherheit, Wut und geringes Selbstwertgefühl. Meine Freunde wissen, dass ein Verhalten immer auf eine tiefer liegende Wurzel zurückzuführen ist. Wenn der richtige Zeitpunkt gekommen ist, sprechen wir diese Dinge an, damit die Wurzel ans Licht kommt.

Aufgrund der Erfahrungen in meiner Ehe erlebe ich gelegentlich Panikanfälle. Eine Sache, die fast immer so einen Panikanfall zur Folge hat, ist die Teilnahme an einer Hochzeit, einem Polterabend oder einer ähnlichen Veranstaltung. Na ja, manchmal geht es mir auch gut, und ich bleibe bei einer Trauung völlig gelassen. Aber meistens gehe ich nicht einmal hin, und meine engen Freunde wissen, warum.

Im letzten Sommer schickte mir meine beste Freundin in einem Anfall von Wahnsinn eine Einladung zum Empfang anlässlich der Hochzeit ihrer Tochter. (Sie hatte wohl gedacht – oder gehofft –, dass ich schon weiter sei, als ich war.)

Es ging nicht um die eigentliche Hochzeit, nur um den Empfang. Ich starrte auf die Einladung, die ich aus dem Briefkasten geholt hatte.

»Nur der Empfang«, sagte ich, mich selbst beruhigend. »Nichts Aufregendes.« Aber irgendwo, tief in mir drin, wusste ich, dass es mich mehr aufregte, als ich vor mir selbst zugab. Ich steckte die Einladung zur anderen Post und beschloss, mich später darum zu kümmern.

Meine Freundin war natürlich vollauf mit den Hochzeitsvorbereitungen beschäftigt, und ich beglückwünschte sie, weil ich mich wirklich für die Braut freute (besonders, weil ich nicht die Braut war).

Am Tag vor der Hochzeit fuhr ich ins Einkaufszentrum, kaufte ein Geschenk, packte es ein und überlegte, was ich am nächsten Tag anziehen wollte. Eine Freundin rief mich an und fragte, ob ich mit ihr und ihrem Mann zum Empfang fahren wollte.

»Ach nein«, war meine schnelle Antwort. Ich wusste, ich brauchte dort mein eigenes Auto. Irgendetwas stimmte nicht.

Am nächsten Tag fuhr ich zum Empfang, steckte meinen Kopf durch die Tür des Lokals, in dem alle Gäste versammelt waren, und begann zu hyperventilieren.

»Das ist doch wirklich lächerlich«, sagte ich mir selbst. »Es ist doch nur ein Empfang, zum Donnerwetter. Das ist weder ansteckend noch sonst etwas.« Aber mein Verstand hatte keine Einwirkung auf meinen rasenden Herzschlag. Ich hastete zum Gästebuch, kritzelte meinen Namen hinein (zumindest konnte ich sagen, ich sei dort gewesen), gab mein Geschenk ab und rannte zurück in die Sicherheit meines Autos, wo ich einen Weinkrampf bekam.

»Werde ich je normal sein?«, heulte ich.

Als meine Freundin und ich eine Woche später darüber sprachen, drückte sie ihre Enttäuschung über meine Unfähigkeit aus, ihre Freude an dem Fest zu teilen. Aber als Wichtigstes sagte sie: »Ist schon gut. Du hast dein Bestes getan.«

Jedem, der nur mein äußeres Verhalten beobachtet hätte, wäre ich schrecklich unhöflich vorgekommen, als hätte ich mir nicht einmal die Zeit genommen, auf die Hochzeit der Tochter meiner besten Freundin zu gehen. Aber meine Freundin verstand mich. Obwohl sie enttäuscht war, sah sie doch über das äußere Verhalten hinweg auf das hässliche Entenküken, das sich abmühte, endlich ein Schwan zu werden.

Wilde Zeiten

Eines Abends traf ich mich mit einigen Freundinnen privat; wir machten ein paar Spiele zusammen und unterhielten uns wunderbar. Es waren alles geistliche Frauen, die Verantwortung in ihrer Gemeinde hatten.

Ein Spiel geriet ein wenig außer Kontolle, und die »geistlichste« Frau unserer Gruppe (zumindest in unseren Augen) schrie plötzlich im Spaß auf: »Leg die Karte hin, du . . .!«

Alle hielten den Atem an. Dann merkten wir, dass es ein Satz aus einem Kinofilm gewesen war, den wir erst kürzlich gesehen hatten, und wir atmeten etwas auf. Dann wiederholte jemand anderes den Satz.

Schließlich griffen mehrere von uns dieses Zitat im Spaß immer wieder auf, bis der Abend zu Ende war. Ich beobachtete alles mit Interesse und wusste, es würden sowohl Schuldgefühle (bei den Beteiligten) wie auch Verurteilungen (bei den Nichtbeteiligten) folgen.

Ich hatte Recht. Als wir uns in der nächsten Woche trafen, wollten alle den Abend analysieren.

»Es war schrecklich, dass wir so leicht in eine Falle Satans geraten konnten.«

»Und es ging den ganzen Abend.«

»Und dass es auch noch Spaß gemacht hat!«

Für mich lag der Fall einfach. Ein paar fromme Frauen, die sich noch nie getraut hatten, ein besonders schlimmes Wort auszusprechen, hatten einen herrlichen Moment erlebt: einfach loslassen, spontan sein, sich frei fühlen. Egal, was für ein Wort es war – das spielte für mich keine Rolle. Aber da sie sich jetzt zutiefst schämten, wusste ich, dass sie nie wieder so ausgelassen sein würden.

Andere träumen vielleicht heimlich davon, einmal so richtig viel Geld zu verschwenden. Oder eine ganze Nacht durchzutanzen. Oder einen wilden Roman zu lesen. Oder am Sonntagmorgen den Gottesdienst ohne besonderen Grund zu schwänzen.

Klingt das gefährlich? Ich nenne es einfach die »wilden Zeiten«. Manche nennen es Rebellion. Andere raufen sich die Haare und berufen sofort einen 24-Stunden-Gebetsdienst ein. Wilde Zeiten kommen und gehen. Aber wir meinen zu wissen, was in diesen Zeiten für *andere* am besten ist. Das hässliche Entenküken drückte einfach seine Liebe zum Wasser aus, und die Henne der alten Frau antwortete schnell: »Du bist sicher verrückt geworden!«

Das hässliche Entenküken wollte so sein, wie es vom Schöpfer gemeint war, und wurde sofort für verrückt erklärt. Mir kommt das alles sehr bekannt vor. Je mehr wir uns von der akzeptierten Norm entfernen und je mehr wir uns in den einzigartigen »Schwan« verwandeln, den Gott in uns erschaffen will, desto eher werden wir für verrückt gehalten. In Wirklichkeit fühle ich mich immer normaler, je weiter ich auf dem Weg zum »Schwan« voranschreite und mich selbst kennen lerne. Trotzdem komme ich manchmal ins Schleudern, wenn andere ihre Missbilligung oder ihr Unverständnis über meine Entwicklung äußern. »Wer sagt denn, was normal ist?«, rufe ich dann aus. Es macht mir Angst, dass ich vielleicht nicht dazugehöre.

Trotzdem bin ich sicher, dass auch aus mir »hässlichem Entchen« ein »Schwan« werden soll. Doch der Weg dahin ist ein

Kampf und kein sauberer, glatter, ungestörter Spaziergang. Nein, der Weg ist holprig und manchmal chaotisch. Dabei lassen wir Federn. Ich glaube nun einmal, dass jedes »hässliche Entenküken« auch wilde, verrückte Zeiten erleben wird. Haben wir Schwierigkeiten, das bei anderen zu akzeptieren, könnte es bedeuten, dass wir selbst solche Zeiten brauchen und sie uns heimlich wünschen.

Doch die meisten von uns gestehen sich wilde Zeiten nicht zu. Denn in solchen Zeiten haben wir das Gefühl, uns selbst nicht mehr im Griff zu haben. Paradoxerweise ist es aber so, dass wir erst dann echte Kontrolle und schließlich auch echte Freiheit gewinnen, wenn wir die Kontrolle zunächst aufgeben.

Wilde Zeiten sind allerdings keine Entschuldigung, uns oder andere zu verletzen. Es sind vielmehr Gelegenheiten, unsere Freiheit in Christus zu leben. »Alles ist erlaubt, aber nicht alles dient zum Guten. Alles ist erlaubt, aber nicht alles baut auf« (1. Korinther 10,23).

Wilde Zeiten müssen nicht unbedingt destruktiv wirken. Wir brauchen uns vor ihnen nicht zu fürchten. Gott ist in den wilden Zeiten genauso dabei wie in den normalen. Heißen Sie diese Zeiten für sich und andere willkommen. Sie sind ein wichtiger Teil auf dem Weg zum »Schwan«.

Verständnis

In schwierigen Zeiten, wenn ich von wichtigen Menschen in meinem Leben missverstanden werde, tröstet mich der Gedanke an Jesus. Jesus war wahrscheinlich der am meisten missverstandene Mensch, der je gelebt hat. Sogar seine engsten Freunde verstanden ihn teilweise nicht. Er versuchte, ihnen die Wahrheit über das Leben, über Gott und über seine Ziele mit dieser Erde zu erklären, aber manchmal waren die Jünger zu erdverbunden, um es zu verstehen – zu engstirnig, zu begrenzt in ihrer Vorstellungskraft und ihrem Glauben.

Als das hässliche Entchen dafür kritisiert wurde, es selbst zu sein, rief es in seiner Verzweiflung aus: »Ihr versteht mich nicht!« Auf unserer Suche nach jemandem, der uns versteht, sind wir manchmal verzweifelt. Warum brauchen wir so sehr, verstanden zu werden? Für mich bedeutet das Verständnis eines anderen, dass ich nicht allein bin; jemand kümmert sich um mich, jemand kennt und akzeptiert mich so, wie ich bin.

Verständnis oder fehlendes Verständnis berührt unser Innerstes. Waren Sie schon jemals über Ihr eigenes Verhalten entsetzt und wussten dabei nicht einmal, warum Sie bestimmte Dinge taten? Dann ist es einfach wunderbar, wenn jemand da ist, der die Dinge ins rechte Licht rückt und Ihnen hilft, sich selbst zu verstehen.

Ein wichtiges Thema in meinem Leben waren und sind meine Verlassenheitsängste. Bis zu einem gewissen Punkt hat jeder diese Ängste, aber wenn sie bei mir einsetzen, führen sie zu einem Verhalten, das man nur als seltsam bezeichnen kann. Ich werde übermäßig besitzergreifend. Will ich einerseits alles kontrollieren, kann ich mich im nächsten Moment völlig zurückziehen. Ich brauche dann mehr Aufmerksamkeit denn je.

Als ich tiefer in mich hineinschaute, merkte ich, dass mein verrücktes Verhalten von Erlebnissen der Kindheit herrührten, die ich nie verarbeitet hatte. Meine Mutter hatte drei Kinder. Meinen ältesten Bruder gab sie zu ihren Eltern, wo er aufwuchs; meinen jüngeren Bruder gab sie zur Adoption frei – zweimal. Einmal nahm sie ihn zurück, nur um ihn ein Jahr später wieder wegzugeben.

Erst nach meiner Ehe verstand ich die tiefen Verlassenheitsängste, die mich deshalb als Kind gequält hatten. Ich konnte mit mir selbst barmherzig werden und mir die Zeit geben, die ich brauchte, um an diesen Ängsten zu arbeiten.

Wenn die Angst wieder in mir aufsteigt, denke ich daran, dass

Gott mich niemals verlässt. Beschließt jemand, mich zu verlassen, hat das nichts mit meinem Wert zu tun. Dies und einige andere Wahrheiten gehe ich dann in meinem Kopf durch. Vor allen Dingen kann ich gelassener sein, seit ich weiß, wo diese Ängste ursprünglich herkamen.

Verständnis zerstreut die Angst, eine Angst, die zerstörerisch wirkt. Ohne Verständnis haben wir keine Barmherzigkeit, und ohne Barmherzigkeit kann alles Mögliche passieren.

Aber wie können wir anfangen, jemanden zu verstehen, der sich merkwürdig verhält? Wir dürfen Fragen über Fragen stellen, aber nicht, um den anderen zu ändern, sondern mit dem Ziel, zu helfen, dass der »Schwan« im anderen Gestalt gewinnt. Achten Sie deshalb sorgfältig darauf, wie Sie fragen.

Eines Tages saß ich mit einer Freundin zusammen. Sie hatte eine Affäre mit einem verheirateten Mann. Das ist etwas, was ich nur sehr schwer nachvollziehen kann. Ich weiß, wie eine Affäre beginnen kann, aber ich verstehe nicht, wie verheiratete Leute ihren Ehepartner betrügen können. Was mein Verständnis für meine Freundin noch schwieriger machte, war ihre Antwort auf meine erste Frage.

»Liebst du ihn?«

»Aber nein«, antwortete sie. »Es ist einfach nur passiert.« Da wusste ich, dass sie auf ihrem Weg zum Schwan einen Umweg machte – oder vorübergehend sogar aus der Bahn geworfen worden war.

»Fühlst du dich nicht manchmal benutzt?«, wollte ich wissen. »Ich glaube, so würde es *mir* gehen. Oder benutzt ihr euch gegenseitig?« Ich wollte verstehen, was sie dazu bringen konnte, ihre Seele so zu verkaufen. Aber noch wichtiger war mir, dass sie anfing, bewusst darüber nachzudenken, was sie tat und warum.

Vielleicht suchen wir nach einer Möglichkeit, uns mit dem anderen zu identifizieren. Was haben wir im Leben erfahren, das uns mit anderen »hässlichen Entchen« verbindet? Auf diese Weise können wir uns mit dem Rest der Menschheit zusammentun.

Als mir einmal eine Frau anvertraute, dass sie kokainabhängig sei, suchte ich sofort nach einer Möglichkeit, mich mit ihr zu identifizieren. Aber es war sehr schwierig für mich, mir vorzustellen, drogenabhängig zu sein. Ich hätte zu viel Angst davor, die erste Prise zu »schnupfen«.

Ich wusste, dass sie eine schwere Zeit in ihrem Leben durchmachte, obwohl sie Christin war und Gott liebte. Doch dann erinnerte ich mich an meine ersten Jahren nach der Scheidung. Ich griff damals fast jeden Abend zum Alkohol – um den Schmerz zu betäuben und mit der Tatsache fertigzuwerden, dass ich nun die Kinder allein erziehen musste. Jetzt verstand ich diese Frau nur zu gut.

Vielleicht gelingt es uns, mit anderen mitzufühlen. Unser Mitgefühl kann oft unser Nichtverstehen überwinden.

Dann hören wir auf, uns über die »richtige« Reaktion Sorgen zu machen, sondern zeigen, wer wir wirklich im Inneren sind. Wenn wir den andern nicht verstehen, können wir sagen: »Ich versteh' dich zwar nicht, aber ich will es. Kannst du mir dabei helfen?«

Wenn wir merken, dass wir den anderen verurteilen wollen, können wir uns das eingestehen. Vielleicht sagen wir es ihm sogar: »Menschen, die das getan haben, habe ich immer verurteilt. Aber ich will das nicht mehr tun. Hilf mir zu verstehen, wie du das siehst.«

Es gibt Zeiten, in denen wir, egal, wie sehr wir es versuchen, andere einfach nicht verstehen können. In solchen Zeiten ist es immer noch die Liebe, die am wichtigsten ist.

»Ich verstehe dich zwar nicht, aber ich mag dich gern. Und ich will, dass du nicht alleine bist.«

Wenn wir selbst uns unverstanden und ungeliebt gefühlt haben und dann das Licht in den Augen des anderen aufleuchten sehen und die Worte hören: »Ja, jetzt verstehe ich dich« – wie wunderbar ist das für uns, wie tröstlich und wie beruhigend!

Sich nicht gewaltsam einmischen

Das zweitgrößte Gebot ist das der Nächstenliebe. Wie frei wären wir, würden wir uns in unseren Beziehungen ausschließlich darauf konzentrieren! Unsere Verantwortung besteht nur darin, andere in ihrer Entwicklung zu unterstützen, nicht, sie in unser Schema zu pressen.

Was passiert, wenn Sie mit einem anderen Menschen zusammensitzen und dieser Ihnen plötzlich und unerwartet etwas Schreckliches erzählt, was ihm oder ihr passiert ist? Sie sind völlig schockiert. Ihre unguten Gefühle werden immer stärker, je länger der andere spricht. Dann wissen Sie, Sie müssen reagieren.

Vielleicht gehören Sie zu den Menschen, die (1) *mit Konflikten nicht umgehen können,* deshalb sagen Sie nichts. Aber Sie gehen mit Schuldgefühlen weg, als hätten Sie Gott und auch den anderen Menschen enttäuscht.

Oder Sie gehören zu den Menschen, die (2) *alles und noch mehr sagen.* In Ihrer Nervosität sprechen Sie unaufhörlich, geben alle möglichen Ratschläge und langweiligen Informationen zu dem Thema.

Vielleicht stehen Sie aber auch irgendwo in der Mitte und gehören zu den Menschen, die (3) nicht zu viel und nicht zu wenig sagen, aber diese Situation als eine *von Gott geschenkte Gelegenheit sehen, um etwas von der Bibel mitzuteilen, was Sie erfahren haben und was Ihnen geholfen hat.* Und Sie sagen das in einer Weise, die der andere annehmen kann. Sie fühlen sich verantwortlich dafür, Leuchtsignale abzuschießen, Alarm zu schlagen und die Rettungstruppen zu rufen.

Am Schluss waren die alte Frau, die Henne und die Katze zu viel für das hässliche Entenküken. Es fühlte sich überrollt. Der Entenhof war einfach zu einengend und bedrohlich.

Der Weg zum »Schwan« ist voller Risiken. Keiner kann für den anderen die Richtung angeben. Jedes hässliche Entenküken ist für sich selbst verantwortlich. Die Verantwortung der anderen besteht nur darin, hin und wieder vorbeizuschauen und das hässliche Entchen in seinen Wünschen und Sehnsüchten zu bestärken.

Auf unserem Weg sind wir zerbrechlicher, als wir meinen. Diejenigen, die am härtesten wirken, sind oft am weichesten. Leicht stören wir das feine Gleichgewicht von Gottes Werk in einem »hässlichen Entchen«, weil wir die Verantwortung für den Weg des Anderen gewaltsam an uns reißen und ihn letzten Endes davonjagen. Ich habe das immer wieder beobachtet. Die, die zurückbleiben, versuchen, den Weggang des »Entenkükens« zu erklären. Sie sagen zum Beispiel: »Es gibt Leute, denen kann man es einfach nicht recht machen.« »Sie wollte sich sowieso nicht ändern.« »Gott trennt die Schafe von den Böcken und sondert sie aus.« »Er wollte die Wahrheit nicht hören.« »Wahrscheinlich stand sie letzten Endes doch noch nicht fest genug im Glauben.«

Manchmal stimmen diese Schlussfolgerungen. Aber ich denke, häufiger hat sich eine »Henne« zu massiv eingemischt und ein »Entenküken« verletzt. Um zu überleben, hatte das »Küken« keine andere Wahl, als den Ort zu verlassen und seinen Weg draußen fortzusetzen.

Wahre Weisheit

Vor tausenden von Jahren gab Gott König Salomo die Gelegenheit, um alles zu bitten, was er sich wünschte. Der König bat um ein »Herz, das unterscheiden kann« oder, anders ausgedrückt, um Weisheit, um Gottes Volk regieren zu können (1. Könige 3,9).

Sich gegenseitig den versteckten Schwan entdecken zu helfen, drückt am stärksten die Nächstenliebe aus. Für diese unglaubliche Aufgabe brauchen wir Weisheit, so wie Salomo für sein Regierungsamt.

Immer einmal treffe ich auf einen sensiblen Menschen oder eine heikle Situation, wo mir klar wird, dass diese Von-Augenblick-zu-Augenblick-Weisheit unbedingt notwendig ist. Im Moment bin ich wieder in so einer Situation. Eine Frau, die mir sehr nahe steht, macht mich mit ihrem Verhalten fast verrückt. Eigentlich ist es zum »Ausflippen«, doch ich bete stattdessen um Weisheit. Dabei lerne ich sehr viel über diese Tugend – was man darunter versteht und wie sie in unterschiedlichen Situationen aussehen kann. Ich habe Folgendes entdeckt:

Weisheit wartet und beobachtet, bevor sie handelt. Auf den richtigen Zeitpunkt kommt es an. Wenn im Leben eines anderen alles oder auch nur etwas aus dem Ruder läuft und wir uns einbringen wollen, dann ist es wichtig, auf die Zeichen zu warten und zu hören, die uns deutlich machen, was und wann wir etwas tun sollen. Als ich zum Beispiel gestern merkte, dass ich mit dieser genannten Frau nicht reden konnte, habe ich ihr einen Brief geschrieben.

Weisheit ist von Gott, aber meine erste Reaktion auf das Verhalten eines Menschen ist wahrscheinlich nicht sehr geistlich. Auch Jesus reagierte eindeutig, als er zum Beispiel den Geldwechslern im Tempel die Tische umstieß, doch er war keiner, der immer sofort reagierte. Jesus wartete auf die Führung seines Vaters und tat nur das, was er bei seinem Vater sah. Petrus ist hingegen ein gutes Beispiel für jemanden, der sofort auf die Umstände reagierte.

Weisheit strebt immer Gottes Ziel an, ob in einer Beziehung oder in einer Situation, und hält auch daran fest, egal, wie die äußeren Umstände sind. Weisheit sieht unter die Oberfläche und agiert (nicht reagiert) dann entsprechend, den Blick auf Gottes Ziel gerichtet.

Wir können auf Gottes Weisheit zählen; sie führt uns durch die schwierigsten Situationen, wo wir mit dem Verhalten eines anderen und dessen Wirkung auf uns schwer zurechtkommen.

Wenn wir auf Gottes Weisheit vertrauen statt auf unser begrenztes menschliches Wissen und unsere Kraft, können wir ganz entspannt sein und den anderen Menschen Gott anvertrauen, weil nur er weiß, was für jeden Einzelnen gut ist.

Ich finde es eigentlich wunderbar, dass Gott uns an der Entwicklung eines Menschen zum »Schwan« teilhaben lässt. Aber gleichzeitig ernüchtert mich dieser Gedanke auch – Gott vertraut mir seine wertvollen »Entchen« an. Ich habe tatsächlich einen Einfluss auf ihren Weg, der sie zur Entdeckung des Schwans führt.

Also mühe ich mich weiter, höre mir die Sorgen eines anderen an, tröste ihn in schwierigen Zeiten und konzentriere mich auf die Rolle, die ich in seinem Leben auf dem Weg zum »Schwan« spiele. Und ich bete um Weisheit, denn das ist unsere einzige Hoffnung.

8. Aus negativen Erfahrungen lernen

Die Kinder wollten mit ihm spielen, aber das Entenjunge glaubte, sie wollten ihm ein Leid zufügen, und sauste vor Schrecken mitten in die Milchschüssel, so dass die Milch in die Stube schwappte; die Frau schrie und schlug die Hände über dem Kopf zusammen, und da flog es in die Schüssel, in der die Butter lag, und dann in die Mehltonne und wieder heraus. Na, wie das jetzt aussah! Die Frau schrie und schlug mit der Feuerzange nach ihm, und die Kinder purzelten eines über das andere, um das Entenjunge zu fangen, und sie lachten, und sie schrien! - Es war nur gut, dass die Tür offen stand, es schoss hinaus zwischen die Sträucher in den frisch gefallenen Schnee - da lag es, wie tot.

Nach allem, was das Entchen auf seiner Reise mitgemacht hatte, war seine Angst nur zu verständlich. Erst erfuhr es die Quälereien im Entenhof, dann, als die Jäger kamen, das Krachen der Gewehre und das Geifern der Hunde, und schließlich, als es schon meinte, einen sicheren Platz gefunden zu haben, wurde es von der Henne und der Katze mit Scham und Schuld überhäuft.

Als mein Scheidungsverfahren begann, wurde die Bibelgruppe, die ich in meiner Gemeinde leitete, vom Frauenkomitee der Kirche geschlossen. »Wir können diese Bibelgruppe nicht länger unterstützen«, erklärte mir die Frau des Pastors. »Sie haben die Frauen dazu angeleitet, alles zu hinterfragen – jetzt haben wir eine Gruppe rebellischer Frauen vor uns, und ich weiß nicht, was zu tun ist. Wir haben nie gemerkt, was da eigentlich vor sich geht - und wie Ihr rebellischer Geist die Frauen beeinflusst hat.«

Mein *rebellischer Geist?* Was war daran rebellisch, Fragen zu stellen? Ich liebte die Frauen in meiner Bibelgruppe und sie liebten mich. Wir hatten mit Begeisterung zusammen Gottes Wort entdeckt, Fragen gestellt, unseren Glauben versucht neu zu sehen, über alte Wahrheiten nachgedacht und sie auf unser alltägliches Leben angewendet. War das rebellisch? Ich hatte immer gedacht, Rebellion beschreibe die Haltung eines Herzens, das nicht auf Gott hören will. Das war bei uns nie der Fall gewesen. Ich war verwirrt.

Als ich das Sicherheitsnetz unter mir am meisten gebraucht hätte, wurde es mir weggezogen. Und während all das geschah, sagte mir mein Mann in seiner »großzügigen« Art, er wolle für mein »rebellisches Herz« beten, damit ich wieder zurückkäme, um mich seiner Führung zu »unterstellen«.

Aber ich hatte nie daran gedacht, dass ich, als ich ihn verließ, einen Akt der Rebellion begangen hätte; ich war nur von dem, was er mir emotional, körperlich und geistlich angetan hatte, völlig ausgelaugt. Ich tat das, was ich musste, um zu überleben. War das *rebellisch?*

Zu diesem Zeitpunkt hatte ich dieses Wort schon zu oft gehört. Wenn all die geistlichen Größen, die ich kannte, mich für rebellisch hielten, war ich es vielleicht wirklich. Wenn das Ausbrechen aus einer von Misshandlung gekennzeichneten Beziehung rebellisch war, passte der Schuh. Wenn das Hinterfragen und Nachdenken über den Glauben rebellisch waren, musste ich mich schuldig bekennen.

Und war eine rebellische Haltung nicht auch gegen Gott gerichtet? War ich damit also gegen Gott? Wie das hässliche Entchen war ich einsam – und hatte entsetzliche Angst.

Die Angst, verletzt zu werden

Die Kinder des Bauern wollten mit dem hässlichen Entchen nur spielen, aber in ihrer hektischen Art, sich ihm mit wilden Sprüngen, Schreien und fuchtelnden Armen zu nähern, jagten sie dem Entchen Angst ein.

Ich verstehe das. In Zeiten der Panik bin ich in Hunderte von »Milch-, Butter- und Mehlschüsseln« gefallen. Manche meiner

»Verfolger« wollten mich eindeutig verletzen, andere nur mit mir spielen. Doch das war egal - ich ließ mir nicht die Zeit, sie zu unterscheiden, ich floh vor allen. Wenn wir Angst haben, sehen wir die Dinge nur aus einer Sicht - aus der der Angst. Und wir können niemandem mehr vertrauen.

Ist es die Angst, verletzt zu werden, Unrecht zu haben oder zu versagen? Egal, was es ist, ich habe beobachtet, wie Einzelne und ganze Gruppen sich von Angst lähmen ließen, bis sie keinen Schritt mehr machen konnten, ohne sich dauernd über die Schulter nach ihren Beobachtern umzublicken.

Die Angst hat mich umgetrieben. Überall sah ich Gespenster, die im Schatten auf mich lauerten, um sich auf mich zu stürzen und mir meine Art, zu handeln, zu fühlen, zu denken, zu leben, zu reden, zu hören und schließlich zu sterben, vorzuschreiben.

Einige dieser Gespenster waren echte Menschen, andere nur Stimmen in meinem Kopf. Doch in dem Moment waren sie real, und ich lebte in großer Angst vor der Vergangenheit, der Zukunft und besonders vor der Gegenwart.

Das Chaos

Das hässliche Entenküken wollte nicht absichtlich ein Chaos anrichten. Aber in seiner Angst, verletzt zu werden, und in seiner Unfähigkeit, sich selbst so anzunehmen, wie es war, bereitete es sich selbst und allen um es herum ein großes Durcheinander.

Für alle, die ein einigermaßen geregeltes Leben geführt haben, ist es ein riesiger Schock, wenn plötzlich alles aus den Fugen gerät und wir nichts mehr in den Griff bekommen, wie sehr wir uns anstrengen. Das ist die Finsternis vor dem Morgen.

Mein Chaos wurde damals immer finsterer. Ich war voll Wut und Bitterkeit gegenüber Menschen, die ich liebte, und pumpte mich mit Beruhigungsmitteln voll, um einen Tag überstehen zu können. Getrieben von Panik traf ich selbstzerstörerische Entscheidungen, aber immer lief und rannte ich im Zickzack weiter, damit niemand meine Richtung erkennen und mich überraschen oder verletzen konnte. Mein verrücktes Denkmuster war nur darauf aus, andere von meiner Spur abzulenken.

Auf meinem Weg lernte ich, dass ich mein Chaos einsetzen konnte, um andere zu verunsichern, zu manipulieren und zu täuschen. Nicht, um sie zu verletzen, aber um eine Distanz zwischen ihnen und mir zu gewinnen. Auf diese Weise wussten die anderen nie genau, wo ich war, und konnten mir nicht nahe genug kommen, um mir weh zu tun.

Eine Zeit lang klappte das ganz gut. Natürlich legte ich Wert darauf, dass der chaotische Zustand, den ich nach außen hin bot, gesellschaftlich anerkannt war. Meine Entschuldigungen waren: »Allein erziehend zu sein ist einfach zu anstrengend. Meine Kinder geraten völlig außer Kontrolle.« »Ich kann einfach nicht mit Essen aufhören. Langsam werde ich zu fett.« »Ich verdiene einfach nicht genug. Unsere Schulden werden immer größer.«

Das innere Chaos wuchs immer mehr, und langsam zeigten sich die Auswirkungen auch nach außen in verschiedenen Bereichen meines Lebens.

Nur schwer kommen wir, wie das Entchen, dorthin, wo wir aufgeben und auf den Tod warten. Doch zu diesem Punkt müssen wir gelangen, um Leben zu empfangen. Jesus sagt: »Das Weizenkorn muss in die Erde fallen und sterben, sonst bleibt es ein einzelnes Korn. Wenn es aber stirbt, bringt es viel Frucht.« (Johannes 12,24)

Jesus musste sterben, um wieder auferstehen zu können. Wir müssen uns von allen Versuchen verabschieden, uns selbst zu retten. Aber weil wir diesen Teil des Weges nicht verstehen und nur Chaos und Finsternis vor uns erkennen, leben wir unser Leben einfach weiter und vergrößern nur das Chaos. Wir bleiben am Boden. Wir versuchen nicht, unsere Flügel auszubreiten. Ja, wir wissen vielleicht nicht einmal, dass wir Flügel haben.

Ich sehe bei vielen »hässlichen Entenküken«, wie sie diesen

Punkt erreicht haben. Sie lernen es, mit ihrem Chaos umzugehen – sie organisieren es, reinigen und säubern es, bis es fleckenlos wirkt. Aber sie brechen nie aus, riskieren keinen Flug und verlassen die Grenzen ihrer stillen Verzweiflung nicht. Warum nur?

Die Scham

An diesem Morgen wachte ich früh mit einem Gefühl der Übelkeit in der Magengrube auf. Ich zog mich aus und stieg unter die Dusche. Das Gefühl der Übelkeit wurde stärker. Als ich ein paar Minuten später die Dusche wieder verlassen wollte, brachen plötzlich und ohne Vorwarnung Schluchzer aus meiner Brust heraus. Ich schnappte mir ein Handtuch und vergrub mein Gesicht darin.

»Nein! Nein, nein, nein!« Mehr konnte ich nicht hervorbringen. »Nein! O Herr, nein!«

Ich dachte an den vergangenen Abend. Zwar hatte ich nichts Falsches getan, aber ich war in Versuchung gewesen. Was war nur mit mir los? Nie zuvor war ich in den Bereichen versucht worden, die mich jetzt plötzlich betrafen. Warum nur? Irgendetwas lief ganz entsetzlich schief. Sagt nicht die Bibel, dass wir von unseren eigenen Lüsten versucht werden? (Jakobus 1,14)

Ich hatte mich selbst immer als guten Menschen und als gute Christin gesehen. Während meiner dreizehn Ehejahre hatte ich nicht einmal in Gedanken Fluchwörter gebraucht. Doch jetzt dachte ich sie nicht nur, ich sprach sie manchmal sogar laut aus. Und die Versuchung vom vergangenen Abend – was wäre, wenn der Tag käme, an dem ich so etwas nicht nur denken würde? Was wäre, wenn ich der Versuchung nachgeben und es tun würde?

Wogen der Scham gingen über mich, als ich an diesem Morgen im Badezimmer stand. Ich schämte mich für das, was ich war, und hatte große Angst vor dem, was noch aus mir werden konnte.

Während der nächsten Jahre, in denen mein Leben mehr und mehr aus den Fugen geriet, wuchs das Gefühl der Scham. Die Fäden meines Lebens liefen so schnell nach allen Richtungen auseinander, dass ich sie nicht mehr zusammenfassen konnte. Schließlich, im Bewusstsein meines Schmerzes, verlor ich vollständig die Kontrolle und fiel in die »Milchschüssel« und die »Mehltonne«.

Als ich endlich einen Zufluchtsort »zwischen den Sträuchern« fand, wusste ich, dass ich Hilfe brauchte. Aber ich konnte nicht darum bitten. Ich war zu beschämt und konnte unmöglich einem anderen von meinem chaotischen Zustand erzählen, vor allen Dingen keinem anderen Christen. Jeder hätte nur das wiederholt, was ich sowieso schon von mir dachte – dass ich *rebellisch* sei.

Nicht, dass ich mich nicht von vielen Menschen um mich herum bedingungslos angenommen fühlte. Aber diese Menschen kannten mich eben nicht wirklich. Und ich wollte dafür sorgen, dass es auch so blieb.

Die Scham bringt uns oft dazu, uns zu verstecken und zu isolieren, damit zwischen uns und den anderen genug Abstand bleibt. Die Angst, entdeckt zu werden, treibt uns immer weiter. Die einzige Möglichkeit aber, den Kreislauf der Scham zu unterbrechen, ist, darüber zu reden; ist, den Schmerz herauszulassen und ihn zu bekennen, vor einem Menschen, der zuhört, ohne zu verurteilen.

So einen Menschen oder eine Gruppe von Menschen zu finden, ist eine andere Frage. Meine besondere Schwierigkeit lag auch noch darin, nicht zugeben zu können, dass ich einen anderen Menschen brauchte – egal, warum. Meine tiefe Scham ließ es nicht zu, dass ich in den meisten meiner Beziehungen mehr als nur eine oberflächliche Ebene erreichte.

Aber bei Barbara war das anders. Wenn es nötig ist, kann ich sogar recht charmant sein. In einem solch charmanten Augenblick begann unsere Freundschaft. Als meine dunkle Seite zum

Vorschein kam, hatte sie sich vielleicht schon zu weit in die Beziehung hineingewagt; ich kann es nicht genau sagen. Mir wurde schließlich klar: Mit ihr kann ich über alles reden. Ich wollte ihre Liebe testen.

Trotzdem hatte ich zu große Angst, ihr meine chaotische Lage genau zu beschreiben. Ich ließ nur immer wieder kleine Hinweise fallen und hoffte, sie würde den Ball auffangen. So kam es dann auch. Und obwohl sich am Anfang alles schlechter statt besser entwickelte, weiß ich heute doch, dass ab dem Moment meiner Öffnung meine Heilung begann. Das hässliche Entchen war dabei, einen Schimmer seines Spiegelbildes als Schwan zu erhaschen.

Ich spreche hier nicht davon, sich *irgendjemandem* zu öffnen. Damit kann man erst recht in Schwierigkeiten geraten, so, wie es dem hässlichen Entenküken passiert ist. Lernen wir es, die Schwäne zu erkennen, die uns ohne Vorurteile akzeptieren, wie wir sind, und uns gleichzeitig auffordern, Schritte nach vorn zu tun! Sie werden uns ihre Marschroute nicht aufdrücken, denn sie wollen ihre von Gott gegebene Rolle auf unserem Weg und in unserem fortschreitenden Wachstum und Ganzwerden spielen.

Ich möchte so ein Mensch (oder Schwan, wenn Sie so wollen) sein, zu dem andere kommen können, um ihre Scham loszuwerden. Wegen meiner eigenen Wunden und meiner verzweifelten Sehnsucht nach Anerkennung kann ich mir nicht vorstellen, dass ich mich von einem Menschen abwenden würde, egal, was er mir erzählt. »Hässliche Entenküken« (diejenigen, die die Tiefen ihrer Hässlichkeit sehen) verstehen einander. Wir wissen, da gibt es nichts zu verbergen. Wir stecken alle in derselben Entwicklung, unseren Weg mühsam zu finden, zu entdecken, wer wir sind und sein sollen, und stolpern dabei über unser Spiegelbild als »Schwan«, obwohl wir nicht einmal wissen, dass wir es gesucht haben.

Wenn unser Gefühl der Scham tief genug geht, ist der nächste

Schritt das Schuldbekenntnis. Die Erfahrung tiefer Reue über destruktives und liebloses Handeln bewirkt einen Schmerz, der uns verändert.

Buße

»Buße« ist ein Wort, das auch im christlichen Umgang heute kaum noch verstanden wird. Vielleicht hat es die Mehrheit der Christen überhaupt nie wirklich verstanden. Bei mir war das jedenfalls so. Gottes Ziel mit der Buße scheint mir zu sein, dass wir im Licht seiner Heiligkeit unser Sündersein völlig erkennen und zu unserm Herrn umkehren. Etwas tief in uns lässt uns echte Reue darüber empfinden, dass wir das Ziel verfehlt haben.

Aber normalerweise funktioniert es so nicht. Erst die schrecklichen Erfahrungen ließen das hässliche Entenküken die Wirklichkeit seiner Hässlichkeit und die Meinung der anderen über sich selbst erkennen. Diejenigen, deren »Hässlichkeit« nach außen sichtbar ist, zahlen den höchsten Preis. Wir sind vielleicht die Katalysatoren für andere Menschen, die sich ihrer eigenen »Hässlichkeit« nicht bewusst, dafür aber geschockt sind, wenn sie sie an uns entdecken, und es uns auch spüren lassen.

Vielleicht sind wir auch die Katalysatoren für die Menschen, die ihre »Hässlichkeit« zwar sehen, sich aber nicht darum scheren. Auch sie lassen uns ihr Entsetzen spüren, um den Blick von sich selbst abzulenken. Egal wie, wir scheinen immer die Verlierer zu sein.

Ich lerne, mit dieser Realität zu leben. Tatsächlich bin ich mittlerweile so weit, dass ich es sogar als eine Aufgabe ansehen kann. Wenn ich anderen Menschen helfen kann, zu ihrer »Hässlichkeit« zu stehen, indem ich meine eigene nicht verberge, kann ich ihnen auch helfen, ihrem Spiegelbild des »Schwans« näher zu kommen.

Ich habe mich nicht immer bewusst darum bemüht. Aber mir fiel auf, dass andere, die meine chaotische Situation sahen, sich plötzlich Gedanken um ihre eigene machten. Entweder verurteilten sie mich für mein Chaos (und lenkten die Aufmerksamkeit von sich ab), oder sie betrachteten ihr eigenes Durcheinander und fingen an, daran zu arbeiten. Ich entdeckte aber auch, dass die meisten Menschen größeres Interesse an meinen Problemen zeigten als an ihren eigenen.

Als ich allmählich verstand, was Buße bedeutet, bekam ich beinahe so viel Angst davor wie davor, von anderen verletzt zu werden. Ernsthaft Buße tun hieß, ich musste die Verantwortung für den Schaden übernehmen, den ich anderen und mir selbst zugefügt hatte. Es hieß, ich musste mich verändern. Aber wie? Bisher war mir das noch nie gelungen.

Ob jemand Buße tut, kann man von außen oft nicht erkennen. Wir dürfen dabei andere nicht nach dem Äußeren beurteilen. Was nach außen vielleicht wie ein unbußfertiger Mensch aussieht, der nur Böses oder Selbstzerstörerisches im Sinn hat, mag in Wirklichkeit jemand sein, der sich in seiner Verzweiflung selbst aufgegeben hat. Wenn Sie aber nicht aufgeben, sondern entschlossen ausharren wollen, werden Sie vielleicht zu einem »Schwan«, der vorübergleitet und ein »hässliches Entenküken« vor dem Tod bewahrt.

Vergebung

Umzukehren ohne Vergebung zu empfangen, führt zu einem Gefühl des Verdammtseins. Buße allein ist nicht genug. Ich ging oft den Weg der Buße, als ich auf den Scherbenhaufen meines Lebens blickte. Aber ich tat es nicht für Gott, sondern allein für mich, weil ich das Chaos, das jedesmal, wenn ich mich umdrehte, noch viel größer schien, unbedingt verstecken wollte. Die einzige Freundin, die davon wusste, dachte wohl, dass es mir nicht

Leid genug täte. Es ärgerte sie, dass ich mein Leben so weiterführte, als wäre alles in Ordnung.

»Was soll ich denn tun?«, rief ich. »Mich in Sack und Asche kleiden?!«

»Du bist wohl einfach durch nichts zur Vernunft zu bringen«, erwiderte sie.

Ich wusste, was sie meinte. Doch wieder zog ich alles ins Lächerliche, um überleben zu können. Es sah wirklich so aus, als würde ich meine chaotische Situation nicht ernst nehmen. Aber sie sah mich nicht, wenn ich mich Nacht für Nacht auf meinem Bett hin- und herwarf und zu Gott schrie, er möge mir vergeben und mich verändern. Kein Tag verging, an dem mir meine Sünde und ihre Auswirkung auf andere nicht zutiefst leid tat. Aber vielleicht hatte diese Freundin Recht. Vielleicht war es zu wenig. Ich musste noch mehr Buße tun – und mehr Reue empfinden.

Also begann ich, mir selbst eine Grube aus Schuldgefühlen und dem Gefühl des Verdammtseins zu graben. Wie hatte ich nur mein Leben schlecht geführt! Wie sehr war mir alles aus der Hand gelaufen. Ich hatte es verdient, in die Hölle zu kommen, wenn Gott es so wollte!

Das ging eine Weile so weiter, bis ich merkte, was eigentlich passierte. Das war doch nicht *Buße* – also ein ehrlicher Blick auf meine Sünde –, und keine tiefe Reue, auf die Gottes Vergebung und eine tiefe, innere Veränderung folgte. Das war *Selbstverdammung!*

Als Kinder Gottes beanspruchen wir alle, im Licht seiner Vergebung zu leben. In Wirklichkeit verstehen viele nicht, was das im alltäglichen Leben heißt. Wenn sie sündigen oder einen Fehler machen, tun sie Gott, den anderen oder sich selbst weh, aber sie tun nicht Buße. Stattdessen

- wollen sie es nicht sehen;
- versuchen sie, es zu verbergen;
- tun sie so, als sei es nichts Wichtiges;

- rechtfertigen sie sich oder
- schieben jemand anderem die Schuld zu.

Dabei sollten sie:

- Buße tun;
- Reue empfinden;
- Vergebung erbitten und annehmen und
- sich ändern wollen.

Ich bewundere und achte Menschen sehr, wenn sie bei einer Sünde erwischt werden und es schaffen, zu dem Betroffenen zu sagen: »Es tut mir Leid. Ich hatte Unrecht. Bitte vergib mir.«

Angenommen zu werden und Vergebung zu empfangen, gehen Hand in Hand. Wenn wir uns von jemandem angenommen fühlen und etwas verpatzt haben, fällt es uns leichter, um Vergebung zu bitten. Haben wir umgekehrt in einer Beziehung etwas falsch gemacht, erfahren dann Vergebung und werden nicht verlassen, fühlen wir uns sicher und angenommen. Der Apostel Petrus machte in seiner Beziehung zu Jesus viele Fehler. Er wollte sich von Jesus nicht die Füße waschen lassen (Johannes 13,8). Er tadelte den Herrn, weil der offen über seinen Tod sprach (Markus 8,31-32). Er nahm die Verteidigung Jesu selbst in die Hand und schlug dem Diener des Hohenpriesters ein Ohr ab (Johannes 18,10). Drei Mal verleugnete er Jesus sogar (Johannes 18,17+25-27). Und das sind nur einige Beispiele – Fälle, von denen wir wissen. Jedes Mal akzeptierte Jesus Petrus so, wie er war: ein menschliches Wesen, das schwache Momente und Sünde kannte. Und jedes Mal vergab er Petrus.

Ohne angenommen zu werden oder Vergebung zu empfangen, verlieren wir in unseren Beziehungen das Verständnis füreinander. Können wir aber nicht empfangen, haben wir auch nichts zu geben und können dem anderen auf seinem Weg zum »Schwan« nichts anbieten. Richten wir uns selbst, richten wir auch andere. Sind wir unfähig, Vergebung anzunehmen, weil wir unsere Schuld vor Scham nicht zugeben wollen, werden wir ebenso unfähig, anderen »hässlichen Entchen« auf der Suche nach ihrem »Schwan« zu helfen. Manche Menschen drehen sich ihr ganzes Leben lang in diesem Kreis.

Irgendwie müssen wir aber den Kreis unterbrechen und die Wahrheit über uns selbst erkennen.

Die Wahrheit zulassen

Wie konnte das hässliche Entchen nur irgendetwas Gutes oder Echtes an sich entdecken, wenn es, wohin es sich auch wandte, nur verhöhnt und gedemütigt wurde?

Wenn wir nicht über das Chaos in unserem Leben, das wir selbst angerichtet haben, hinaussehen können, gibt es Menschen an unserer Seite, die es sich zur persönlichen Aufgabe gemacht haben, uns immer wieder daran zu erinnern, damit wir es nur ja nicht vergessen. Andere haben alle möglichen Vorschläge und Ideen, wie wir unser Durcheinander wieder in Ordnung bringen können, sie kennen die besten Methoden dafür und wissen, wie viel Zeit es in Anspruch nehmen sollte. Und sie brennen darauf, uns ihr Wissen mitzuteilen!

Aber es gibt nur eine Wahrheit, die uns auf unserem Weg zum »Schwan« die Dunkelheit erhellt. Das ist der Moment der göttlichen Offenbarung, der Moment, wenn wir unser Spiegelbild als »Schwan« sehen, den wahren Menschen, den Gott geschaffen hat. Wenn wir uns selbst durch Gottes Augen sehen, sind wir tatsächlich herrliche »Schwäne«.

»Aber das hässliche Entenküken hatte Angst.« Angst lässt uns nicht zur Ruhe kommen und lenkt vom Weg ab. Wir rennen hektisch herum, anstatt ruhig auf den Moment zu warten, wenn Gott bereit ist, uns die Wahrheit zu offenbaren.

Was ist die Wahrheit? Die Wahrheit ist: Wir sind nach dem Bild Gottes erschaffen, aber einen Großteil unseres Lebens verdeckt das »hässliche Entenküken« den »Schwan«.

Doch Gott ist treu. Er führt uns zu unserem Spiegelbild des Schwans, wenn wir nicht den Weg verlassen.

Nicht den Weg verlassen heißt, daran zu glauben, dass ich »wunderbar gemacht bin« (Psalm 139,14). Es bedeutet, dass im hässlichen Entenküken ein Schwan darauf wartet, Gestalt anzunehmen. Daran muss ich glauben, um den Mut nicht zu verlieren und weiterzugehen. Es ist wichtig für mich zu lernen, Gottes Hand in meinem Leben zu sehen, damit ich die Richtung einschlagen kann, in die er führt. Allmählich gebe ich nicht mehr Gott die Schuld für meine Probleme, sondern nehme sie an und erkenne, dass sie not-wendig ist, um auf meinem Weg vorwärts zu kommen.

Glaube ich also, dass Gott ist,
dass er mich *annimmt,* wo ich auch stehe,
dass er mich leidenschaftlich *liebt,*
dass es nichts gibt, was ihn davon abhält,
mich dorthin zu *führen,* wo ich den »Schwan« erkenne –
dann werde ich sehen, was ich glaube.

»Ich bin's; fürchtet euch nicht«, sagte Jesus zu seinen Jüngern (Johannes 6,20).

Ich glaube. Ich empfange. So einfach ist es.

9. Alles hat seine Zeit: sich verbergen und sich zeigen

Aber es wäre zu trostlos, wollte man von all der Not und dem Elend erzählen, das es in diesem harten Winter durchmachen musste. –

Es lag im Sumpf zwischen dem Schilf, als die Sonne wieder anfing, warm zu scheinen; die Lerchen sangen – es war ein schöner Frühling.

Da hob es mit einem Mal seine Schwingen, sie rauschten stärker als früher und trugen es kräftig weiter; und eh es sich's so recht versah, war es in einem großen Garten, wo die Apfelbäume in Blüte standen, wo der Flieder duftete und an den langen, grünen Zweigen bis ganz zu den gewundenen Kanälen hinabhing! Oh, hier war es so schön, so frühlingsfrisch! Und gerade vor ihm aus dem Dickicht kamen drei wunderbare, weiße Schwäne; sie rauschten mit den Fittichen und schwammen leicht auf dem Wasser dahin. Das Entenjunge erkannte die prächtigen Tiere wieder und wurde von einer seltsamen Traurigkeit befallen.

Auf dem Weg zum Schwan ist der Frühling die Zeit, in der die hässlichen Entenküken erkennen, wer sie sind und welche Kraft sie in ihren Flügeln haben. Es ist auch die Zeit, in der die hässlichen Entenküken, die auf dem Teich festgefroren waren, wieder auftauen. Aber vielleicht sind sie auch schon gestorben.

Der Schlüssel liegt darin, die erfrorenen oder beinah erfrorenen Entenküken zu erreichen, bevor sie sterben. Ich habe zu den »hässlichen Entenküken« gehört, die dem Tod sehr nahe waren. Bis zum heutigen Tag weiß ich nicht genau, wie oder warum ich durch das Wasser der Buße hindurchfand und zum Schluss mein Spiegelbild als »Schwan« entdeckte. Ich wirkte wie tot. Ich verhielt mich wie tot. Alles an mir war so taub, dass ich Schmerzen und Kälte nicht mehr spürte.

Aber die »Schwäne« kamen trotzdem. Ich glaube, Gott schickt sie uns, ob wir sie erkennen oder nicht.

Als sie das erste Mal auftauchten, war ich anderweitig beschäftigt. Ich fühlte mich dem Sterben näher als dem Leben und war von diesem Gefühl ganz überwältigt. Aber Gott lässt sich von Unaufmerksamkeit nicht aufhalten. Auch dieses Mal nicht.

Ich versuchte, meine Schwingen zu heben. Tatsächlich, ich konnte fliegen – nur ein bisschen. Es war ein winziger Schritt, aber es war immerhin ein Schritt. Das Wichtigste war, dass Gott wusste, wann er die »Schwäne« schicken musste. Und die »Schwäne« wussten, wann sie aufzutauchen hatten.

Wann ist es Zeit, beim anderen zu erscheinen? »Alles hat seine Zeit« (Prediger 3,1). Es gibt eine Zeit des Verbergens und eine Zeit des Hervortretens. Es gehört zur Entwicklung dazu zu wissen, *wann* und *was* wir für die »hässlichen Entenküken« in unserer Umgebung tun können. Wegzubleiben, wenn der andere uns braucht, und zu kommen, wenn es an der Zeit ist, sich zu verbergen, jemanden in Ruhe zu lassen, kann seine Entwicklung hindern. Alles hat seine Zeit.

In Römer 8,1 lesen wir: ». . . also gibt es keine Verdammnis für die, die in Jesus Christus sind.« Jesus ist der Erlöser. Er »erlöst« uns von unserer misslungenen Zeitplanung. Trotzdem darf die Rolle des »Schwans«, die man im Leben eines anderen zu spielen hat, nicht auf die leichte Schulter genommen werden.

Manchmal gerate ich ins Stolpern. Seit ich mein Spiegelbild als »Schwan« entdeckt habe, will ich alle anderen am liebsten mit der Nase darauf stoßen. Ich fliege sozusagen über ihnen am Himmel und lasse rote Warnlämpchen blinken, damit sie mich auch ja sehen und den »Schwan« in sich entdecken. Oft gerate ich in Wut, weil sie lieber niedergeschlagen am Boden bleiben, aus Angst oder Mutlosigkeit, sich zu bewegen. Aber in den meisten Fällen wäre es tatsächlich besser gewesen, wenn ich noch nicht aufgetaucht wäre.

Wir können Gott darum bitten, uns eine Ahnung davon zu

geben, was sein Ziel mit den »hässlichen Entchen« in unserer Umgebung ist. Dann wird es uns gelingen, unseren Zeitplan mehr mit dem unseres himmlischen Vaters abzustimmen. Dann werden die »Entchen fliegen« – nicht zu früh, um uns zu beeindrucken oder zu gefallen, sondern wenn sie bereit sind. Dann ist es ihre Zeit.

Warum brenne ich so sehr darauf, alle in Bewegung zu setzen? Was drängt uns, wenn wir eigentlich auf Gottes richtigen Zeitpunkt warten sollten? Können wir es akzeptieren, ob es uns nun gefällt oder nicht, dass das Leben der Weg zum Ziel ist?

Die Not des Wartens

Auf den richtigen Zeitpunkt zu warten, ist für mich sehr schwer. Um in den Bildern des Märchens zu bleiben: Ist der Zeitpunkt dann gekommen, verzichte ich nur zu oft auf den leichten, leisen Flug über einem hässlichen Entenküken und wähle stattdessen den raschen Angriff im Tiefflug, schlage dabei wild mit den Flügeln und quake, so laut ich nur kann, um ja nicht überhört zu werden. Ein schreckliches Bild! Ich lerne immer noch, Menschen dort abzuholen, wo sie stehen. Und das heißt immer auch zu warten. Menschen entwickeln sich in *ihrem* Tempo – haben Sie das schon bemerkt?

»Suchen hat seine Zeit, verlieren hat seine Zeit« (Prediger 3,6). Habe ich, wenigstens im Moment, meine Suche abgeschlossen, möchte ich, dass alle anderen auch gerade so weit sind. Doch zu meinem Leidwesen stimmt das nur in den seltensten Fällen.

»Du musst etwas ändern«, warnte ich eine Freundin, die sich in einer selbstzerstörerischen Lage befand.

»Vielleicht hast du Recht. Ich weiß nicht.« Meine Bekannte zögerte. »Ich hab' einfach immer geglaubt, dass Gott alles und jeden verändern kann . . .«

»Darum geht's doch nicht«, argumentierte ich. »Du bist hier das Opfer. Es geht um deine Kodependenz, die dich ...« Ich spielte die psychologische Lehrmeisterin, aber meine Bekannte hörte schon gar nicht mehr zu. Es war ein Angriff im Tiefflug. Sie empfand es nur als Druck, was ich sagte. Diese Tiefflüge muss ich vermeiden. Stattdessen heißt es warten und sie selbst einiges erkennen lassen. Als ich merkte, dass es Zeit war mich zurückzuziehen, überließ ich es ihr selbst ihre Lage zu erfassen.

Aber mit »Tiefflügen« erhalten wir immerhin die Aufmerksamkeit der Menschen, also haben sie auch ihr Gutes. Doch um wie viel besser ist es doch, sie im Vorübergleiten in ihren Wünschen nach Freiheit zu bestärken!

Warten kann schmerzlich sein. Vielleicht haben wir Angst, dass Dinge, die nicht sofort geschehen, nie geschehen werden. Vielleicht ertragen wir es nicht, wenn sich ein von uns geliebtes »Entenküken« weh tut, oder wir meinen (da wir jetzt wissen, wie's geht), wir müssten es bedrängen.

Vielleicht haben wir gewisse Aha-Erlebnisse für unser eigenes Leben erreicht und wollen dasselbe für alle anderen - und zwar sofort!

Doch wenn ich an meine eigene Entwicklung denke, sehe ich, dass ich den »Entenhof« erst vor neun Jahren verlassen und mein Spiegelbild als »Schwan« selbst kaum entdeckt habe. *Herr, hilf mir dabei, mit meinen Weggefährten barmherzig und geduldig zu sein!*

Wir erhöhen nur unsere Ungeduld, wenn wir meinen, wir wüssten die wirksamsten Strategien zur Veränderung im Leben eines anderen. Doch wir können diese Ungeduld gewaltig bremsen, wenn wir darauf vertrauen, dass Gott die Marschbefehle erteilt, sofern wir Schritt für Schritt auf ihn hören.

Tatsächlich haben wir einiges in unserem Leben gelernt, das wir anderen mitteilen können. Aber normalerweise ist es am besten, damit so lange zu warten, bis wir merken, dass ein »hässliches Entenküken« sich nach seinem »Schwanenbild« sehnt. Wir haben nur dann das Recht, an etwas zu rühren, über etwas zu sprechen und einen sanften Stups zu geben, wenn wir schon ein paar Mal vorübergeglitten sind.

Glauben, auch ohne zu sehen

Während ich die hässlichsten meiner hässlichen Seiten durchmachte, äußerte eine Freundin immer wieder Zweifel an meiner Entwicklung zu der Frau, als die mich Gott gemeint hat. Ich merkte, dass sie mich beobachtete. Aber dann sagte sie: »Die meiste Zeit sieht es aus, als ob du nur wild um dich schlägst. Doch plötzlich kommt dein Herz zum Vorschein, und ich sehe, wie du wirklich bist.«

Der erstarkende »Schwan«! Meistens erlebte sie, wie ich vor den »Jägern« davonrannte, über alle »Katzen« und »Hennen« dieser Welt jammerte und abwechselnd in den »Milch- und den Buttertopf« fiel. Trotzdem betete sie für mich und glaubte an mich. Weil sie selbst auf dem Weg zum »Schwan« war, fand sie den Mut und die Zuversicht, mich nicht aufzugeben. Ihre Belohnung? Hin und wieder entdeckte sie in meinen Augen einen hoffnungsvollen Schimmer, sah, wie ich meine »Flügel« streckte, und hörte die Sehnsucht in meinen Klagen. Jesus sagt: »Selig sind die, die nicht sehen und doch glauben« (Johannes 20,29).

Ich meine, dass es für jedes »Entenküken« möglich ist, die schmerzvolle Entwicklung zum »Schwan« durchzustehen, wenn es wenigstens einen anderen »Schwan« an seiner Seite hat. Nur *ein* Mensch ist nötig, der an uns glaubt. Nur einer.

Aber wie können wir an die Entwicklung eines anderen glauben, wenn wir nur wenig Fortschritt sehen oder wenn das »hässliche Entenküken«, dem wir beistehen wollen, sich überhaupt nicht darum kümmert und uns manchmal sogar auszunutzen scheint?

Dann können wir Gott fragen. Er weiß, wer es ernst meint. Wir können auch nach Zeichen für Reue und Umkehr suchen, auch wenn sie nur sehr sporadisch zu sehen sind. Wir können die Aufrichtigkeit überprüfen und die Bereitschaft, die Verantwortung für das eigene Leben, die eigenen Gefühle, für Fehlverhalten, Verrücktheiten und vieles mehr zu übernehmen.

Wir können das Herz ansehen. Steckt darin eine Sehnsucht, den »Schwan« zu entdecken, zu lieben und geliebt zu werden? Wir können auf die Klagen lauschen. Hören wir eine Entschlossenheit heraus, die Schmerzen zu ertragen?

Wann weiß man, dass es Zeit ist, sich zurückzuziehen, entweder vorübergehend oder für immer?

- Wenn man Ärger in sich aufsteigen spürt, weil mehr Zeit und Energie gefordert wird, als man aufbringen will;
- wenn sich der andere zu viele unerreichbare Ziele steckt;
- wenn man nicht länger im Glauben beten kann oder zu müde ist, um sich weiter um den anderen zu kümmern;
- wenn man spürt, dass man dem anderen keine warmen Gefühle entgegenbringen kann und selbst ungeduldig wird, weil man weitergehen will.

Gott lässt uns die Wahl - wir können uns dazu entscheiden, ab und zu auf dem Teich eines »hässlichen Entenkükens« zu landen und dort zu verweilen, oder wir können weiterfliegen.

Lauter Protest

Der richtige Zeitpunkt für lauten Protest kommt vielleicht weniger häufig, als wir meinen. Sicher, »Schweigen hat seine Zeit und Reden hat seine Zeit« (Prediger 3,7). Aber unser Reden bleibt oft ohne Wirkung, wenn es nur aus Prinzip und ohne Barmherzigkeit geschieht. Prinzipienreiterei führt oft dazu, andere zu verletzen.

Wenn Grundsätze und Herzensreaktionen nicht übereinstimmen, sollten wir daran denken, dass »hässliche Entchen« Barmherzigkeit brauchen.

Wenn wir nur laut quakend und schreiend vorbeifliegen könnten, sollten wir uns überlegen, ob wir es nicht besser ganz lassen sollten.

Ja, wann ist denn lauter Protest in Ordnung? Nie? Wenn wir andere ständig »anquaken« und lautstark zurechtweisen, weil uns ihre Art zu denken, zu fühlen und zu leben missfällt, dann werden sie sich die Ohren zuhalten, sobald wir den Mund aufmachen.

Ich musste das auf hartem Weg lernen. Ich trage mein Herz auf der Zunge, und wenn mich etwas stark betrifft, muss ich mich sehr zusammenreißen, um ruhig und zurückhaltend zu bleiben. Manchmal versuche ich, den Schaden, den mein »Gequake« angerichtet hat, zu entschuldigen: »So bin ich nun einmal. Ich muss eben alles aussprechen. Du willst doch nicht etwa, dass ich einen seelischen Knacks kriege, nur weil ich etwas unterdrücke?« Eine Zeit lang mag das ja gehen, aber letztlich muss ich doch die Verantwortung für die Verletzungen übernehmen, die ich verursacht habe.

Die Adresse, wo wir am schnellsten losquaken, sind unsere Kinder. Vielleicht fangen wir nur ganz aufgeregt zu schreien an, weil sie uns eine einfache Frage über Sex oder Drogen gestellt haben.

»Mom, ich wollte dich was fragen – in der Schule haben wir heute über sexuell übertragbare Krankheiten gesprochen . . .«

Quak, quak, quak! Wir legen los. Wenn wir fertig sind, ist unser Kind schon längst weg.

Wenn sich jemand wirklich am Rand eines Abgrunds bewegt, ist »lautes Flügelschlagen« und »Schreien« vielleicht notwendig. Aber was würde eine solche Warnung rechtfertigen? Protest ist meiner Ansicht nach dort angebracht, wo ein von mir geliebter Mensch:

- in einer Beziehung steckt, in der die Misshandlung zunimmt;
- in ein doktrinäres System gezogen wird, das die Erlösung durch Tod und Auferstehung missachtet;
- sich permanent selbstzerstörerisch verhält.

Aber auch wenn lauter Protest notwendig wird, muss er zum richtigen Zeitpunkt kommen.

Ich habe eine Freundin, die im Moment in einer sehr belastenden Situation lebt. Das ist schade. Das planlose »Quaken« und »Schreien« um sie herum verstärkt ihren Schmerz nur noch bis zu einem Punkt, an dem sie überhaupt nicht mehr handeln kann. Ihr Telefon klingelt ununterbrochen. Alle Bekannten meinen, sie wüssten genau, wie meine Freundin ihr Leben zu führen habe, und wollen es ihr als Erste mitteilen.

»Sarah, das muss aufhören«, sagte ich eines Tages. »Die Zeit der Proteste ist lange vorbei. Hör auf, dich mit diesen Leuten herumzustreiten. Erzähl ihnen lieber, was in dir vorgeht.«

Sobald sie das tat, hörte das laute Protestgeschrei auf. Bei den meisten Bekannten war es nur aus Angst entstanden. Als meine Freundin ihre Ängste zerstreute, beruhigten sie sich.

Stillschweigende Toleranz

Jesus zeigte stillschweigende Toleranz gegenüber dem ungläubigen Thomas, als er nach seiner Auferstehung den Jüngern erschien und zu Thomas sagte: »Reiche deinen Finger her und siehe meine Hände und reiche deine Hand her und lege sie in meine Seite. Sei nicht ungläubig, sondern gläubig!« (Johannes 20,27)

Jesus zeigte stillschweigende Toleranz gegenüber Marta, als er nach dem Tod ihres Bruders Lazarus zu ihr kam und sagte: »Hebt den Stein weg! . . . Habe ich dir nicht gesagt: Wenn du glaubst, wirst du die Herrlichkeit Gottes sehen?« (Johannes 11,39-40). Jesus holte Marta da ab, wo sie war.

Und Jesus zeigte stillschweigende Toleranz gegenüber Petrus: Als ihn sein Jünger zum dritten Mal verleugnet hatte, wandte er sich um und sah Petrus an (Lukas 22,61).

Jesus nimmt uns immer so an, wie wir sind. Das heißt nicht, dass er uns nicht zu Größerem anspornt, aber erst, nachdem er uns in unserem gegenwärtigen Zustand akzeptiert. Eins ist sicher: Die »hässlichen Entenküken« dieser Welt werden uns immer testen und unsere Reaktion herausfordern wollen, um zu sehen, was wir an ihnen gutheißen können. Wie wichtig ist es doch, ihnen dann zu versichern, dass wir alles an ihnen gutheißen!

Ja, Gott leidet mit, wenn er die Not sieht, die wir auf unserem eigenen Weg durchmachen müssen. Aber weil Gott weiß, dass wir am Ende unser Spiegelbild entdecken werden, kann er sowohl seine Freude als auch seine Trauer mit uns teilen. Stillschweigende Toleranz gehört zu Gottes Freude.

Zu den schlimmsten Zeiten meines Lebens gehörten die, als ich die Bibel nicht mehr lesen konnte. Sobald ich sie öffnete und auch nur irgendeinen Vers lag, fühlte ich mich verurteilt. Erst kurz vorher hatte ich meine Ehe verlassen, um zu überleben, und jetzt schien mir nur Verdammnis aus der Bibel entgegenzuschreien.

Um Heilung zu finden, musste ich die kostbaren Liebesbriefe Gottes an mich erst einmal verlassen. Erst nachdem ich eine andere Perspektive gewonnen hatte, konnte ich mich ihnen wieder nähern. Niemand, den ich damals kannte, hätte diesen Schritt verstanden. Deshalb sagte ich nichts darüber, und es wurde ein sehr einsamer Teil meines Weges. Aber genau wie das hässliche Entenküken gegenüber der Henne und der Katze ehrlich zugab, dass ihm das Schwimmen und Tauchen Spaß machte, hatte ich mich auch manchmal halb in ein Gespräch verstrickt, noch bevor ich es überhaupt merkte.

»Ich lese im Moment nicht in der Bibel«, sagte ich zum Beispiel einfach. »Ich fühle mich von ihr verurteilt.«

Ich weiß noch, wie eine Freundin darauf wunderbar antwortete: »Dann eben nicht. Du schuldest Gott im Moment nichts.«

Ich starrte sie völlig überrascht an. Hier brachte mir eine Frau, die mich verstand, stillschweigende Toleranz entgegen. Erklärungen waren nicht notwendig. Ich brauchte mich nicht zu verteidigen. Sie hatte begriffen. Oft denke ich, die stillschweigende Toleranz ist das Gebot der Stunde, außer Gott gibt uns eindeutige Anweisungen zum lauten Protest. Sollte ich mich irren, dann irre ich lieber zugunsten von Gnade und Barmherzigkeit, als Verurteilung und Verdammung am falschen Platz zu riskieren.

Zeit zu fliegen

»Wenn euch nun der Sohn frei macht, so seid ihr wirklich frei« (Johannes 8,36). Hat auch das Fliegen und das Schwimmen seine Zeit? Es ist ganz in Ordnung zu schwimmen, solange wir wissen, wann der Zeitpunkt gekommen ist, um zu fliegen.

Wenn die Sehnsucht anhält und uns unser Herz zu eng wird; wenn wir zum Himmel hinaufschauen und uns mit den herrlichen Vögeln dort oben verwandt fühlen; wenn unsere Schwingen immer schneller schlagen, bis sie fast weh tun – dann wissen wir, dass Gott den »Schwan« in uns ruft.

Doch dabei passieren oft die größten Fehler. Es ist nicht ungefährlich, denn wir müssen auf die Kraft unserer Flügel vertrauen. Es ist andererseits auch ein Zeitpunkt, an dem wir andere sehr gut ermutigen können, solange wir wissen, wo jeder Einzelne auf seinem Weg steht.

Zu wissen, wann wir bereit sind zu fliegen, ist die eine Seite. Doch wie können wir wissen, wann ein anderer so weit ist, sich in die Lüfte zu erheben?

Das »hässliche Entenküken« zieht sich vielleicht von allem Vertrauten zurück und weist jede Hilfe ab, egal, wie liebevoll sie ihm angeboten wird. Es hinterfragt vielleicht alle früheren Glaubens- und Wertvorstellungen, lächelt hin und wieder ein bisschen eigenartig oder hat gar einen Glanz in den Augen, der vorher noch nie zu sehen war. Wenn man zuhört und beobachtet, wird man es verstehen. »Schwäne« haben ein Gefühl für den richtigen Zeitpunkt. Sie wussten, wann sie auf mich zukommen mussten. Sie waren da – keinen Moment zu früh und keinen zu spät. Und wieder sollte ein »Schwan« geboren werden.

10. Mit dem Spiegelbild eins werden

Und es flog ins Wasser hinaus und schwamm den prächtigen Schwänen entgegen, diese sahen es und rauschten mit brausendem Gefieder auf das Entenjunge zu. »Tötet mich nur!«, sagte das arme Tier und neigte den Kopf bis auf die Wasserfläche hinab und wartete auf den Tod – aber was sah es in dem klaren Wasser? Es sah unter sich sein eigenes Bild, aber es war nicht mehr ein unbeholfener, schwarzgrauer Vogel, garstig und scheußlich, es war selber ein Schwan.

Es macht nichts, dass man auf dem Entenhof geboren ist, wenn man nur in einem Schwanenei gelegen hat!

»Ich brauch dich nicht!«, schrie ich meine Freundin an; es war die beste Freundin, die ich je hatte. »Ich brauche niemanden! Verstehst du? Ich hab' bisher auch alles selbst gemacht ...«

Meine Freundin stand in der Haustür und schaute mich mit den traurigsten braunen Augen der Welt an. Aber das hielt mich nicht auf. »Es ist dir sowieso egal. Allen ist es egal ...«

Schluchzer würgten mich in der Kehle, aber ich schluckte sie hinunter. Ich würde nicht weinen! Auf keinen Fall!

»Tut mir leid«, sagte sie. »Du brauchst mich.«

»Nein!« Ich schmiss die Tür zu und ließ sie draußen stehen.

Solche Szenen wurden immer häufiger. Der herzzerreißende Schmerz in meinem Leben machte vor nichts und niemandem Halt. Und ich war so müde und erschöpft, mich dauernd beherrschen zu müssen, um mein Leben weiterzuleben, meine Kinder zu erziehen und meiner Arbeit nachzugehen.

Natürlich tat es mir schon in der Minute Leid, in der ich die Tür zuknallte. Wie viel kann ein anderer Mensch sich gefallen lassen? Würde sie noch eine Weile dort stehen bleiben und noch einmal klingeln oder würde sie gehen? Ich trieb solche Spielchen mit anderen Menschen – trieb es so weit, bis sie gingen.

Aber diese besondere Freundin blieb. Egal, wie oft ich die Tür zuschlug, immer kam sie wieder zurück – und klopfte, wartete, zeigte ihre Liebe. Genau das brauchen wir – einen Menschen, der Gottes bedingungslose Liebe wirklich begriffen hat und sie anderen »hässlichen Entenküken«, die Schmerzen leiden, weitergeben. So wie mir.

Gemeinsame Anstrengung

Sich gegenseitig dabei zu helfen, dem »Schwan« Gestalt zu geben, ist harte Arbeit. Wir müssen viele Schläge einstecken, rennen oft gegen Wände und stolpern über zahllose Hindernisse – und das alles nur, damit ein »hässliches Entchen« auf diesem Planeten sein Spiegelbild als »Schwan« finden kann.

Alles läuft auf den Moment zu, in dem wir erkennen, dass Gott uns liebt und dass wir deshalb unschätzbar wertvoll sind. Der Prozess der Selbstfindung hat vielen tausenden Menschen geholfen, heil zu werden. Was mir Sorgen macht, ist der Umstand, dass uns diese Erfahrung auch voneinander entfernen kann, wenn wir nicht aufpassen. Es wird uns so viel über »Abgrenzung«, »Selbstfindung«, »die Bedürfnisse und Erwartungen der anderen befriedigen« und die »Gefahr, zum Opfer zu werden«, erzählt, dass wir uns am Schluss als den »guten Menschen« sehen und alle anderen als Feinde, die uns auf irgendeine Weise beherrschen wollen.

Natürlich müssen wir uns um uns selbst Gedanken machen und den Prozess der Selbsterkenntnis durchlaufen. Aber wenn wir die Sorge um uns selbst als unseren einzigen Zweck ansehen, gehen wir am Ziel vorbei.

Das höchste Ziel ist es zu lieben. Wir lernen, uns um uns selbst zu sorgen, aber nur, um besser lieben zu können. Als Jesus sagte: »Liebet einander, wie ich euch geliebt habe. Größere Liebe kann keiner zeigen als der, der sein Leben lässt für seine Freunde«

(Johannes 15,12-13), hatte er wahrscheinlich nicht Menschen im Auge, die in ihrer »Nächstenliebe« nur von der Sorge getrieben werden, was andere über sie denken und wie sie bei den anderen »ankommen«. Die Botschaft von Jesus Christus war immer einfach und klar: zu lieben, damit unsere »Freude vollkommen werde« (Vers 11) und wir »Frucht bringen, die bleibt« (Vers 16).

Andere zu ihrem Spiegelbild als »Schwäne« zu führen, bringt die größte Freude und ohne Zweifel auch Frucht, die bleibt. Haben wir einmal unser wahres Spiegelbild entdeckt, sind wir nie mehr so wie früher.

Der klare Strom

Für mich ist ein klarer Strom ein Bild für eine offene Verbindung zu Gott. Wie sollen wir unser Spiegelbild sehen, wenn das Wasser trüb und schmutzig ist? Wie können wir den Strom reinigen, damit unser Spiegelbild in lebendigen, klaren Farben vor uns steht?

Weil dieser Prozess sich tief in unserer Seele abspielt, wo nur Gott uns erreichen kann, müssen »hässliche Entchen« gewöhnlich die Masse verlassen, um ihren »Schwan« zu entdecken.

Für mich gibt es drei notwendige Elemente, damit wir mit unserem Spiegelbild in Berührung kommen können: Stille, Alleinsein und Gelassenheit. Das hässliche Entchen musste aufhören, wild herumzuflattern und zu quaken, sich von allem loslösen und zu dem Punkt kommen, an dem es sich still seinem Schicksal ergeben konnte, wie dieses Schicksal auch immer aussehen mochte.

Stille

Nie war mir bewusst, wie viel Lärm täglich an unsere Ohren dringt. Sogar während ich dies schreibe, rumpelt vor mir ein Zug quietschend über die Schienen, während hinter mir Autos in hoher Geschwindigkeit vorüberflitzen. Dabei bin ich am Strand, wo ich gehofft hatte, etwas Ruhe zu finden. Im Gottesdienst bat uns der Pastor neulich, für zwei Minuten ganz still zu sein und uns auf Gott zu konzentrieren.

Einhundertzwanzig Sekunden lang. Es war wie eine Ewigkeit, und keiner der Gottesdienstbesucher wusste so recht, was er mit sich anfangen sollte. Hinterher sprachen wir darüber. Obwohl wir *äußerlich* still geworden waren, war es doch extrem schwierig, auch unsere Gedanken zur Ruhe zu bringen. Da sie keinerlei Anhaltspunkte mehr hatten, liefen sie in alle möglichen Richtungen davon.

Ich arbeite daran, der Ruhe in meinem Leben mehr Raum zu geben. Mit fünf Kindern ist das keine Kleinigkeit. Doch es war gerade mein zerrissenes Dasein, das mich dazu trieb, Ruhe zu suchen. Und erst als ich erkannte, wie wichtig Stille war, erhaschte ich einen Blick auf mein Spiegelbild.

Alleinsein

Wir haben Angst vor dem Alleinsein. Bedeutet Alleinsein, dass uns niemand liebt? Dass es sich nicht lohnt, Zeit mit uns zu verbringen? Dass man uns einfach beiseite schieben kann? Das sind die Gründe, warum ich Angst vor dem Alleinsein habe. Wir können leichter damit umgehen, wenn wir uns selbst dafür entscheiden. Vor kurzem habe ich versucht, das Alleinsein für mich zu *wählen.* Ich bin nicht dazu gezwungen, weil alle mich verlassen hätten – ich zwinge mich selbst dazu, weil ich weiß, wie wichtig es für mein weiteres seelisches und geistliches Wachstum ist.

Ich weiß nicht, wie es mit Ihnen steht, aber ich empfinde meine äußere Umgebung sehr deutlich – wie sie riecht, schmeckt und aussieht. Immer, wenn ich in einer größeren Gruppe von Menschen bin, wird mir bewusst, welchen Einfluss sie auf mich und welchen ich auf sie habe. Es ist schwierig für mich, in einer solchen Gruppe innerlich unabhängig zu sein, obwohl ich das gern lernen möchte. Ich will Menschen nicht immer erst verlassen, um sie zu »verlassen« - ich hoffe, Sie verstehen, was ich damit meine. Menschen sind dafür zu kostbar. Wir brauchen einander. Deshalb lerne ich, mit ihrer Wirkung auf mich umzugehen.

Gelassenheit

Nach all den Schwierigkeiten kam das Entchen an einen Punkt, an dem es sich still seinem Schicksal ergab. Es akzeptierte seine Hässlichkeit und gab sich damit selbst völlig preis. Es traf die einzige Entscheidung, die es noch treffen konnte.

Wir möchten am liebsten Frieden haben, bevor wir eine Entscheidung treffen. Es gibt uns das Gefühl, dass die Entscheidung »richtig« ist, egal, um was es dabei geht. Ich merke jedoch, dass ich oft erst dann Frieden bekomme, während ich eine Entscheidung treffe. Es ist der Akt des Entscheidens, der den Frieden bringt. Aber was immer zuerst kommt - wir werden nie unser Spiegelbild auf aufgewühlten Wassern entdecken können. Wenn wir unsere »Hässlichkeit« annehmen und das »Entenküken« loslassen, wird das Wasser kristallklar.

Das Entenküken loslassen

Gott kann wenig Neues in unserem Leben bewirken, wenn wir nicht bereit sind, das Alte loszulassen. Aber wie sollen wir das hässliche Entchen loslassen, wenn es das ist, was wir sind? Mein Vorschlag ist, dass wir nicht das Entenküken, sondern unsere *Vorstellung* vom hässlichen Entchen loslassen.

Um mein Spiegelbild als »Schwan« voll zu entdecken und zu begreifen, dass es die erlösende Kraft Jesu ist, die aus mir einen »Schwan« macht, musste ich zuerst meine Hässlichkeit und mein Sündersein akzeptieren. Der bekannte Vers aus

Römer 3,12 wurde für mich Wirklichkeit: ». . . da ist keiner, der gerecht ist, auch nicht einer.«

Doch wir können uns nicht von unserer Vorstellung vom hässlichen Entchen lösen, wenn wir nicht anerkennen, wie hässlich es wirklich ist. Es ist nicht deshalb hässlich, weil es so ist, wie es ist – das war der Grund, warum der Entenhof, die Katze und die Henne es abgelehnt haben; seine Hässlichkeit liegt darin, wie es sich in seinem verzweifelten Bedürfnis, sich zu schützen, der Welt zeigt. Denn dieser alles verzehrende Wunsch, sich zu schützen, lässt keine Energie mehr dafür übrig, die Welt um sich herum zu lieben. Wir können uns nicht um andere kümmern, wenn wir nur auf Selbstschutz oder Überlebenskampf programmiert sind.

Meine Hauptsorge in meinem Überlebenskampf war die tägliche Anstrengung, mich jeden Morgen soweit zusammenzureißen, dass ich aufstehen konnte. Ein ehrlicher Blick auf den Umstand, wie egozentrisch man dabei werden kann, ist schon der erste Schritt, der uns da herausführt.

Um uns von unserer Vorstellung, ein hässliches Entchen zu sein, lösen zu können, müssen wir drei Dinge üben:

Entschlossenheit, Mut und Erwartung.

Entschlossenheit: Zunächst einmal müssen wir auf unserem Weg vorwärts kommen wollen. Wenn wir damit zufrieden sind, außerhalb des Entenhofs herumzuwandern, den Kugeln der Jäger und den Zähnen der Hunde auszuweichen, in Milch- und Buttertöpfe zu fallen und vor aufgeregten Kindern wegzulaufen, dann wird Gott uns da lassen, wo wir sind. Zufrieden damit, das hässliche Entchen zu sein, werden wir nie unser Spiegelbild als Schwan sehen wollen.

Nur *die* »hässlichen Entchen«, die entschlossen sind, das Leben in der Fülle zu bekommen, das Jesus versprochen hat, machen sich die Mühe, lange genug in den klaren Strom zu schauen.

Mut: Es erfordert Mut, aus dem vertrauten Bereich der Familie, der uns unser ganzes Leben lang bekannt war, herauszutreten und mit den Schwänen zu fliegen. Das hässliche Entenküken bewies schon beim Schlüpfen aus dem Ei, aus welchem Stoff es gemacht war, doch zeigte sich das erst recht, als es den Entenhof und alle, die es gekannt hatte, verließ. Weil es nicht bereit war, sich mit einer Situation abzufinden, in der es misshandelt und ausgenutzt wurde, war es bereits auf dem Weg zu seinem wahren Selbst.

Erwartung: Es ist zu schwierig, uns von unserer Vorstellung vom hässlichen Entchen zu lösen, wenn wir nichts anderes in Aussicht haben. Es ist nicht wichtig, dass wir genau wissen, wonach wir Ausschau halten; wichtig ist, dass wir ein Ziel, eine Absicht (das heißt die Verwandlung zum Schwan) verfolgen, selbst wenn wir nicht genau wissen, wie wir dorthin kommen.

Können wir das? Ist es möglich? Können wir glauben: Wenn wir uns von unserer Not, unserer Hässlichkeit und unserer Rolle als Opfer lösen, erwartet uns die Freude des verwandelten Schwans?

Der Moment, in dem wir unser Schwan-Spiegelbild im klaren Wasser sehen, wartet tatsächlich auf uns. Wir müssen nur dafür offen sein und darauf warten.

Der Moment des Erkennens

Wenn wir den »Schwan« in uns entdecken – was genau erkennen wir da eigentlich? Was ist das Geheimnis dieses wundersamen Augenblicks?

- Wir wissen um die tiefe Liebe Gottes, und dieses Wissen erweckt tiefe Gefühle in uns.
- Die Bedeutung des Lebens allgemein und der Sinn unseres Lebens im Besonderen rückt plötzlich ins Blickfeld – jetzt

erkennen wir, wen Gott in dieser körperlichen Hülle geschaffen hat.
- Wir können andere lieben, weil wir geliebt werden.

Dies und noch viel mehr geschieht, wenn wir bereit sind, bis zum »Schwan« vorzudringen. Diejenigen, die den »Schwan« ahnen, werden jeden Preis zahlen, ja sogar ihr Leben hingeben, wenn es notwendig ist, um die kostbare Perle zu gewinnen.

Natürlich merken die meisten nicht einmal, dass es so ein Spiegelbild zu entdecken gibt. Haben wir es erkannt, müssen wir immer noch bereit sein, durch das Leid außerhalb des Entenhofs zu gehen. Und das kann ziemlich viel sein.

Ganz tief innen war ich nicht bereit, mich mit einem Leben in »Hässlichkeit« zufrieden zu geben. Es musste doch mehr geben. Also drängte ich vorwärts, durch die Schmerzen des Lebens, durch oberflächliche Beziehungen und die Mühe, den einen, wahren Gott zu entdecken. Ich traf dabei mehr Jäger, Hunde, Hennen und Katzen, als ich zählen kann. Aber dann entdeckte ich das flüchtige Bild eines »Schwans« am Himmel. Was für eine große Sehnsucht erfüllte mich da - manchmal überwältigte sie mich fast. Wie ein Schwan zu fliegen - wie ein Schwan zu sein!

Einige meiner Freundinnen führten ein herausforderndes Leben. Eine schrieb ein Buch über Angst und sprang für ihre Recherchen mit einem Fallschirm aus einem Flugzeug. Eine andere stellte sich ihrer Krankheit, einem Gehirntumor, und gewann den Kampf. Wieder eine andere erkannte, dass sie als Kind sexuell missbraucht worden war, und konfrontierte ihren Vater damit.

Was mir an unserem Gott so gefällt ist, dass er alles benutzt, was wir in seine Hand geben. Er redet auf die unterschiedlichste Weise mit mir, wenn ich nur zuhöre. Mein Spiegelbild als »Schwan« zu entdecken, war für mich eine Entwicklung, die mehrere Jahre dauerte. Aber bei Gott sind tausend Jahre wie ein Tag. Und sich verspäten - nein, das gibt es bei ihm nicht.

Das Schwanenei

Irgendwann müssen wir mal erkennen, dass wir aus einem »Schwanenei« kommen. Vielleicht ist das der entscheidenste Schritt in der Entwicklung. Denn wenn wir weder erkennen noch verstehen, woher wir eigentlich kommen, verpassen wir auch den Augenblick, an dem unser Spiegelbild erscheint. Die Gelegenheit dazu wird kommen, vielleicht mehr als einmal, aber es kann sein, dass sie stillschweigend vorübergeht, ohne dass wir es merken. Wie sehr muss Gott so eine verpasste Gelegenheit schmerzen! Die Welt ist ein sündiger Ort, ein »Entenhof«. Aber wenn wir einmal wirklich erkannt haben, dass das Leben schwierig ist, können wir das akzeptieren und das Thema abhaken – und dann ist das Leben nicht mehr schwierig!

Für mich symbolisiert das Schwanenei das tiefe innere Wissen, dass wir trotz unserer Hässlichkeit nach Gottes Bild erschaffen sind, um zu einem »Schwan« zu werden. Ich weiß noch, wie ich eines Abends zum ersten Mal meine Hässlichkeit klar erkannte. Da kehrte ich wirklich um. Viele Tränen flossen. Aber ich hatte schon den Mann getroffen, den ich bald heiraten würde, und er sagte: »Christen sündigen nicht. Wir sind ›neue Kreaturen‹ in Christus. Vollkommen. Vielleicht werden wir versucht, aber wir geben nicht nach. Die Bibel sagt: Seid vollkommen, wie euer Vater im Himmel vollkommen ist (Matthäus 5,48). Das Licht kann keine Gemeinschaft mit der Finsternis haben; deshalb ist in Christen keine Finsternis. Wir sind vollkommen. Jeder, der aus Gott geboren ist, sündigt nicht mehr (1. Johannes 5,18). Deshalb sind wir vollkommen.«

Das glaubte er wirklich. Welche Illusion! Und ich kaufte ihm alles ab – alles! Mein Wissen über meine »Hässlichkeit« verschwand sehr schnell, und ich hob stolz und arrogant den Kopf, um ihn viele Jahre nicht mehr zu senken. Ich stolzierte im Entenhof herum, hackte nach hässlichen Entenküken, die ihr Leben nicht auf die Reihe brachten, und erkannte nicht, dass mein selbstgerechtes Verhalten mich weiter und weiter von dem Schwan wegbrachte, der ich nach Gottes Plan werden sollte.

Wie Mose verbrachte ich dann lange Zeit in der Wüste. Und um endlich die Wahrheit zu erkennen, musste ich den ganzen Weg zum zerbrochenen Ei zurückgehen, um zu sehen, woher ich kam, und um bis ins Unterbewusstsein verändert zu werden – um das Königreich Gottes wie ein Kind und wieder wie ein neugeborenes »Entenküken« empfangen zu können. Aber dieses Mal wurde mir bewusst, dass ich in Gottes Richtung unterwegs war, und eines Tages würde ich ein Schwan sein.

Immer, wenn die Not zu groß wurde, hielt ich mich an dieser Hoffnung fest. Manchmal verlor ich sie aus den Augen, und ich glaubte auch nicht immer daran, aber ich hatte die zerbrochene Eischale gesehen und konnte mein Ziel nicht verleugnen, egal, was mir gesagt wurde und wie sehr der Prozess schmerzte.

So wichtig auch das Erkennen des Spiegelbildes auf dem klaren Wasser ist, genauso wichtig ist es, nie aus dem Blick zu verlieren, was wir hinter uns ließen, als wir den Entenhof betraten.

Die zerbrochene Eischale. Sie führt am Ende zu unserem Spiegelbild.

11. Das Geheimnis jeden Tag neu entdecken

Da fühlte er sich ganz beschämt und steckte den Kopf unter die Fittiche, er wusste selber nicht warum! Er war viel zu glücklich, jedoch nicht stolz, denn ein gutes Herz wird niemals stolz! Er dachte daran, wie er verfolgt und verhöhnt worden war, und hörte nun alle sagen, dass er der schönste von allen schönen Vögeln wäre. Und der Flieder neigte seine Zweige bis zu ihm ins Wasser hinab, und die Sonne schien so warm und so gut, da brauste sein Gefieder, der schlanke Hals reckte sich, und aus tiefem Herzen jubelte er: »So viel Glück habe ich mir nicht träumen lassen, als ich das hässliche Entenküken war!«

Ein interessanter Aspekt des Lebens ist, dass wir alle auf dem Weg sind, aber alle unterschiedlich weit. Zu behaupten, wenn wir unser Spiegelbild entdeckt hätten, seien wir »fertig« und hätten unser Ziel erreicht, bedeutet, auf eine große Lüge zu vertrauen und arrogant zu werden, was genauso gefährlich ist wie unsere frühere Verfassung.

Auf der anderen Seite ehren wir Gott und sein Werk an uns, wenn wir unsere Schönheit wirklich anerkennen.

Seit ich einen flüchtigen Blick auf mein Spiegelbild als »Schwan« werfen konnte, falle ich immer noch über viele Stolpersteine – in mancher Beziehung sogar schlimmer als vorher. Ich merke, dass ich gegenüber manchen »hässlichen Entenküken« intoleranter werde. Sollte mich das Erkennen meines eigenen Spiegelbildes nicht eigentlich barmherziger mit anderen machen?

Ich trage eine große Veratnwortung dafür, mein Wissen über diese Zusammenhänge an andere weiterzugeben. Dabei muss ich mich immer wieder auf meine Stellung vor Gott besinnen, damit ich nicht versuche, mich zum Retter der ganzen Welt zu machen. Ich habe jetzt eine größere Liebe für diese Welt, empfinde aber ihre Sünden auch viel schmerzlicher. Ich verachte jede Art von Misshandlung und Unterdrückung im »Entenhof« und habe Schwierigkeiten, die Verursacher zu lieben. Es fällt mir auch schwer, die Sünden zuzugeben, die ich immer noch begehe, weil ich meine, ich hätte es eigentlich besser wissen müssen und es gar nicht soweit kommen lassen dürfen.

Je mehr ich weiß, desto mehr weiß ich auch, wie wenig ich weiß – und das verursacht Frustration.

Je mehr mir klar wird, wie wenig ich weiß, desto mehr Fragen habe ich – und das verursacht Unehrlichkeit. Und so geht das weiter.

Weil ich jetzt mit den Schwänen fliegen kann, bemerke ich, dass ich mich gern darum sorge, ob ich nicht zu hoch bin, ob wir in die richtige Richtung fliegen und was all die Tiere im Entenhof von uns denken.

Doch die Überzeugung, die sich nie ändert, ist mein absoluter Glaube an Gottes Liebe für mich und die Hoffnung, dass er derjenige ist, der meinen Weg lenkt. Das ist meine Sicherheit.

Doch ich bin diesen Weg nicht ohne Verluste und Verletzungen gegangen, das steht fest. Ich habe Freunde verloren und viel Kritik zu hören bekommen. Manchmal war ich allein unterwegs (ich *hasse* das Gefühl, allein zu sein). Ich bin von emotionalen Klippen gesprungen, ohne zu wissen, ob Gott mich auffängt. Deshalb kann ich mich sehr gut damit identifizieren, was Paulus an die Korinther schreibt:

»Auf meinen vielen Reisen haben mich Hochwasser und Räuber bedroht. Juden und Nichtjuden haben mir nachgestellt. Es gab Gefahren in den Städten und in der Wüste, Gefahren auf hoher See und Gefahren bei falschen Brüdern. Ich habe Mühe und Not durchgestanden. Ich habe oft schlaflose Nächte gehabt; ich bin hungrig und durstig gewesen. Oft habe ich überhaupt nichts zu essen gehabt oder habe gefroren, weil ich nicht genug anzuziehen hatte. Wenn ich schon prahlen muss, will ich mit meiner Schwäche prahlen.« (2. Korinther 11,26-27+30)

Paulus wollte kein Mitleid. Er schilderte seine Schwäche, damit er zeigen konnte, dass Gottes Kraft in ihm war (2. Korinther 12,11). Um Christi willen freute er sich über seine »Leiden, Misshandlungen, Notlagen, Verfolgungen und Schwierigkeiten« (2. Korinther 12,10). Wir alle erleben Zeiten der Anfechtung. Der Unterschied zwischen »hässlichen Entchen« und »Schwänen« ist, dass die Schwäne den Sinn der Anfechtung verstehen, nicht mehr dagegen kämpfen und sich somit leichter auf die Weiterentwicklung einlassen können.

Freude in schweren Situationen

Sich auf die Weiterentwicklung einlassen heißt, letztlich mit der Misshandlung im Entenhof fertig zu werden, denen, die nach uns hacken, zu vergeben und an den Punkt zu kommen, an dem wir tatsächlich Dankbarkeit empfinden *»über all die Not und die Unbilden«*. Es heißt, dass wir *»nun das Glück erst schätzen (können)«* und *»all die Schönheit«* um uns herum.

Ich erinnere mich noch, wie ich eines Tages – es war ein paar Wochen nach der Trennung von meinem Mann – bei einer Freundin mit einem Stapel Geschirr in der Hand zum Küchenschrank ging. Meine Freundin, die sich in die entgegengesetzte Richtung gewandt hatte, sprang schnell zum Schrank und öffnete die Tür für mich.

Da blieb ich mitten im Raum stehen, und meine Augen füllten sich mit großen Tränen. Sie hatte an mich gedacht! Sie wollte mir die Arbeit erleichtern. Ich konnte es nicht glauben.

Aber es war doch nur eine kleine Geste gewesen. Warum war ich zu Tränen gerührt, nur, weil jemand mir die Schranktür aufgemacht hatte?

Neun Jahre später hat sich daran nichts geändert. Jede mir erwiesene Freundlichkeit überwältigt mich. Wahrscheinlich erwarten die Menschen, die im Entenhof oder von Seiten der Hennen und Katzen viel Not erleiden mussten, noch mehr Leid und Not. Wenn uns jemand freundlich behandelt, sind wir überrascht und tief berührt.

Ich habe mich auch gefragt, ob sich der Kreislauf von Enttäuschung und Misserfolg für uns wiederholt, wenn wir, nachdem die schlimmen Erfahrungen vorbei sind, wieder Gutes erwarten.

Mir ist es nicht so ergangen. Kürzlich ließ mich ein junger Mann in der Warteschlange an einer Tankstelle vor, und ich musste den spontanen Wunsch unterdrücken, ihn dafür zu umarmen. Auch dies war nur eine kleine Geste, aber ich konnte mich kaum zurückhalten, meine Dankbarkeit so auszudrücken.

Es ist leider wahr: Sehr oft bitten wir Gott um etwas, wir fordern es sogar von ihm, und wenn wir es bekommen haben, vergessen wir, ihm zu danken.

Jesus erlebte das, als er zehn Aussätzige von ihrer furchtbaren, damals unheilbaren Krankheit heilte, aber nur einer zu ihm zurückkam, um ihm zu danken (Lukas 17,11-19). Ich bin mir sicher, dass die anderen Aussätzigen einfach vom Meister erwarteten, dass er seine »Pflicht« tat. Als Jesus in seiner tiefen Liebe und im Auftrag seines himmlischen Vaters darauf einging, zogen sie fröhlich ihrer Wege, äußerlich gereinigt, aber immer noch fordernd und selbstsüchtig. Innerlich hatten sie sich nicht geändert. Der dankbare Leprakranke war der Einzige, der nicht nur äußere Heilung empfangen, sondern auch innerlich von Jesus getroffen und geheilt war.

Es muss Jesus geschmerzt haben, dass nur einer von zehn Männern zurückkam, um ihm zu danken. Ich stelle mir vor, dass dieser zehnte Aussätzige seinen Zustand nach großem Leid akzeptiert hatte, nicht wie ein Märtyrer oder wie ein Opfer, sondern tapfer und nicht verbittert. Weil er keine Erwartungen hatte, erlebte er seine Heilung als eine große Überraschung, und seine Dankbarkeit war riesengroß.

Das hässliche Entchen, das keine Bitterkeit aufkommen lässt und seinen Weg am Ende akzeptiert und damit leben lernt, ist völlig überrascht, als es auf dem See sein Spiegelbild als Schwan entdeckt. Alle Entchen haben ein Spiegelbild als Schwan – aber nur wenige verlassen den Entenhof, um fleißig danach zu suchen.

Das Entdecken des eigenen »Schwans« ist ein so unbeschreiblicher Augenblick, dass alle vergangene Not sich relativiert und wir mit Dankbarkeit und Lob erfüllt werden. Wir können einfach nicht anders, denn wir wissen, dass wir ohne die Not weder mit der Suche begonnen noch den »Entenhof« verlassen und unser Spiegelbild entdeckt hätten.

Dieser Moment bringt unglaubliche Freude mit sich, aber keinen Stolz, denn *»ein gutes Herz wird niemals stolz«*.

Niemals stolz

Für mich ist ein gutes Herz einfach ein Herz, das jetzt, nachdem es seine Hässlichkeit erkannt hat, in Gottes Licht lebt. Wenn wir ein gutes Herz haben, bedeutet das, dass wir im Vertrauen auf Jesus leben. Dass wir darauf verzichten, zum Selbstschutz Mauern um uns herum aufzubauen, und dass wir versuchen, uns für die Welt zu öffnen und zu lieben.

Der Stolz ist nach dem Augenblick, in dem wir den »Schwan« in uns wahrgenommen haben, weniger ein Problem als vorher. Denn Schwäne wissen, dass sie nichts haben, worauf sie stolz sein können. Das hässliche Entchen im Schwan erinnert sie immer daran. Schwäne können nur stolz auf die Entwicklung sein, durch die *Gott* sie geführt, auf die Schönheit, die *Gott* ihnen geschenkt und auf die Flügel, die *Gott* ihnen gegeben hat.

Als junge Christin hielt ich mich für die Superfrau. Ich war dem Heiligen Geist gehorsam gefolgt. Stellte mich das nicht eine

Stufe höher als all die Sünder, die immer noch im Dunkeln waren, ohne eine geistliche Entwicklung zu suchen? Kühn verkündete ich Johannes 3,18 vor meiner Mutter und ließ sie wissen, dass sie mit Sicherheit zu den »Verlorenen« gehörte, ich aber nicht.

Bei meinem Klassentreffen zehn Jahre nach Abschluss der High-School erklärte ich jedem, der es hören wollte, dass ich »errettet« sei, und fragte sie, welche bedeutenden Dinge sie in ihrem Leben vorzuweisen hätten. Ich stand wie der Pharisäer hocherhobenen Hauptes da und dankte dem Herrn sozusagen, dass er mich unter all den »Räubern, Betrügern und Ehebrechern« erwählt hatte (Lukas 18,9-14).

Und ich war stolz auf meine »Vollkommenheit« – bis mein Leben lauter Risse bekam. Dann gab es nichts mehr an mir, auf das ich hätte stolz sein können.

Der Stolz wird für die »hässlichen Entchen«, die ihr Spiegelbild entdeckt haben, zu einem geringeren Problem, weil sie jetzt ein realistischeres Bild von sich selbst haben.

Der Grund, warum die Pharisäer so stolz waren, lag wahrscheinlich an ihrer unrealistischen Sicht ihrer eigenen Verdorbenheit. Solange der Becher außen rein war, konnten sie sich über den inneren Zustand hinwegtäuschen. »Wer meint, er stehe, mag zusehen, dass er nicht falle!« (1. Korinther 10,12)

Ich weiß, dass ich einen gesunden Stolz auf den Schwan haben darf, den Gott in mir entstehen ließ. Doch ich weiß auch: Sobald sich meine Brustfedern aufplustern, ist die Sache schon gelaufen. Wenn ich also in Versuchung komme, mich zu sicher zu fühlen, zu hoch zu »fliegen« oder zu breit zu lächeln, denke ich an das Entchen und an meine Hässlichkeit. Dann geht die Versuchung, zu stolz zu werden, vorüber.

Doch es bleiben noch andere Probleme übrig. Eines ist der Zweifel.

Von Zweifeln geplagt

Zweifel plagen mich. An meinen besonders schrecklichen und einsamen Tagen zweifele ich an meiner Beziehung zu Gott. An Tagen voller Verwirrung zweifele ich an meiner Fähigkeit zu klarem Denken, manchmal sogar an meiner geistigen Gesundheit.

An Tagen der Unsicherheit zweifele ich daran, dass ich liebenswert bin.

Hin und wieder habe ich auch sorgenfreie Tage. Doch an den meisten Tagen bin ich von Zweifeln irgendwelcher Art erfüllt.

Den »Schwan« zu entdecken, als den uns Gott gemeint hat, heißt nicht, dass man gottähnlich – also allwissend – wird und über den Dingen steht. Nein, ein Schwan zu werden heißt, echt und wahrhaftig zu werden. Auch Menschen, die wahrhaftig sind, werden von Zweifeln beunruhigt.

»Vielleicht habe ich mir mein Spiegelbild nur eingebildet – immerhin war es an dem Tag bewölkt.«

»War das wirklich mein Spiegelbild? Vielleicht gehörte es zu jemand anderem.«

»Spiegelbild? Welches Spiegelbild? Ich habe eher das Gefühl, wieder im Entenhof zu sein.«

Zweifel fliegen wie Giftpfeile mit ungeheurer Geschwindigkeit auf uns zu, besonders kurz nachdem wir unser Spiegelbild entdeckt haben. Da sind wir nämlich am verletzlichsten, weil wir unserer Fähigkeit, klar zu sehen, noch nicht trauen, ebenso wenig wie unseren Flügeln, die uns tragen sollen. Doch am traurigsten ist, dass wir Gott noch nicht zutrauen, uns die Wahrheit über uns selbst zu zeigen.

Für sich selbst genommen sind Zweifel aber nicht schlecht. Schlimm wird's erst, wenn wir uns von ihnen gefangen nehmen lassen. Zweifel, an denen wir arbeiten, können unseren Glauben stärken. Was hält uns davon ab? Angst. Sobald Zweifel auftauchen, verschließen wir die Augen vor ihnen und laufen davon. Doch Flucht kann nur ein vorübergehender Ausweg sein; die

Flucht vor dem Entenhof hat die Probleme des hässlichen Entchens nicht gelöst. Stattdessen eskalierten die Schwierigkeiten, bis es schließlich entdeckte, dass es ein Schwan war – der Moment, für den es geschaffen worden war.

Auch unsere Zweifel werden sich vermehren, wenn wir so tun, als gäbe es sie nicht. Mit Zweifeln richtig umzugehen heißt, sich ihnen kühn zu stellen, sie niederzuringen und sie festzunageln, bevor wir uns einen Schritt entfernen.

Wir müssen nicht in Panik geraten, nur weil wir von Zeit zu Zeit Zweifel erleben. Der erste Schritt der Konfrontation ist wirklich ziemlich einfach: »Der einzige Grund, warum ich mich meinen Zweifeln stellen kann, ist, weil Gott gesagt hat, ich bin ein Schwan. Also bitte.« Glauben wir und haben wir das angenommen, was Gott über uns sagt, geht es nur noch darum, uns von Zeit zu Zeit an diese Wahrheit zu erinnern.

Und wenn die Zweifel nicht verschwinden, dann ringen Sie mit ihnen.

Mit Zweifeln ringen heißt, sie anerkennen und ihnen den Respekt zollen, der ihnen gebührt. Zum Beispiel geht mir oft der Gedanke durch den Kopf: *Ich bin doch gar kein Schwan. Habe ich mich die ganze Zeit nicht selbst an der Nase herumgeführt?* Ich erinnere mich noch an einen Tag, als ein paar Kinder mein Auto mit einem Ei bewarfen. Ich bremste scharf, stürzte aus dem Wagen, verfolgte die Kinder bis zu ihrem Haus, trommelte an die Tür und verlangte, dass sie herauskämen und mein Auto wieder sauber machten. Hilflos und ängstlich gehorchten sie. Vielleicht hatte ich Recht, so wütend zu sein, aber ehrlich gesagt – war das das elegante Verhalten eines »Schwans«? Benehmen sich Schwäne so? Dieser Tag war mit Sicherheit ein Tag der Zweifel!

Aber es ist wahr, dass Gottes Liebe und seine Antworten für mich sich nicht verändern, nur weil es Zeiten gibt, in denen ich mich wie eine Närrin benehme. Wie bin ich froh, dass Gott zuverlässiger ist als ich! Gott liebt mich – immer, egal, wo ich bin und was ich tue. Meine Zweifel ändern daran nichts.

Den »Neuen« streicheln

Die anderen Schwäne erkannten den »Neuen« und streichelten ihn mit ihrem Schnabel. Junge Schwäne brauchen viele Streicheleinheiten; sie sind unsicher, wissen noch nicht, was mit ihnen geschehen ist und wie es ihr Leben verändern wird. Sie sind so sehr daran gewöhnt, dass nach ihnen gehackt wird, dass sie kaum wissen, wie sie auf Streicheln reagieren sollen.

Streicheln hat viele Gesichter. Schon die Gegenwart eines anderen »Schwans« ist manchmal ausreichend, um eine Streichelwirkung zu fühlen. Und manchmal ist es sogar schon genug zu wissen, dass irgendwo draußen ein anderer »Schwan« herumschwimmt.

Eines der wunderbarsten Erlebnisse, von einem anderen Menschen »gestreichelt« zu werden, kam kurz nachdem ich den Schwan in mir entdeckt hatte. Eine Freundin sagte: »Denk immer daran – egal, was dir die anderen sagen, deine Autorität ist das Wort Gottes *in dir.*« In mir? Ich rang nach Luft – innerlich, nicht äußerlich. Ich war darauf fixiert gewesen, nie dem zu glauben, was ich in mir hörte, denn man hatte mir gesagt, es sei sündig, böse und rebellisch.

Ich begann, mehr auf meine innere Stimme zu hören – zuerst sehr zurückhaltend, doch nach und nach nahm ich alles auf, was sie mir sagen wollte. Es wurde ein richtiges Fest für mich. Egal, wie man es nennen mag – Intuition, Herz oder Unterscheidungsvermögen. Ich jauchzte innerlich, denn ich wusste jetzt, dass ich der Stimme vertrauen konnte. Vorher nicht, aber jetzt. Auch das gehört zu den guten Auswirkungen, wenn man seinen Möglichkeiten als »Schwan« Beachtung geschenkt hat.

Anderen Mut zu machen, die auf der Suche nach ihrem »Schwan« sind, kann man nicht wichtig genug nehmen. Kritik kommt von allen Seiten, denn die meisten Menschen verstehen diesen Weg nicht. Viele wollen nicht einmal glauben, dass es so etwas gibt. Ich habe oft geglaubt, ich sei verrückt und würde mir alles nur einbilden. Meine Kinder sagen mir ständig: »Was tust du da eigentlich? Keine Mutter unserer Freunde gibt sich mit Liebe, Vergebung, Wachstum und all dem Zeugs ab.«

In solchen Zeiten erhalte ich Mut durch das Wissen, auf diesem Weg nicht allein zu sein. Ich denke daran, dass andere ihr Spiegelbild schon gefunden haben und dass das Leben einen Sinn, eine Bedeutung und ein Ziel hat. Haben Sie keine Angst davor, die »Schwäne«, denen Sie begegnen, zu »streicheln«.

- Sagen Sie ihnen, dass sie in Ordnung sind.
- Gehen Sie ein Stück mit ihnen.
- Machen Sie ihnen immer wieder Mut, nicht aufzugeben, wenn sich Hindernisse drohend aufbauen.
- Machen Sie ihnen Mut weiterzuwachsen und beten Sie für sie, wenn sie auf Umwegen sind.
- Vertrauen Sie auf Gott, wenn ihr Weg ganz anders aussieht als Ihr eigener.

Die Reise geht weiter

Noch vor ein paar Jahren hätte ich nie geglaubt, dass mir das Leben eines Tages wirklich wieder Freude machen, dass mein Leid sich in inneres Wachstum verwandeln und sich mein Leben mit dem anderer verbinden würde. Als ich auf dem »Teich« darauf wartete, von den »Schwänen« getötet zu werden, verfluchte ich den Tag meiner Geburt wie Hiob (Hiob 3,1). Es war eine umwerfende Überraschung für mich, als ich flüchtig mein Spiegelbild als Schwan erkannte und entdeckte, was Gott in mich hineingelegt hat. Zum ersten Mal in meinem Leben lebe ich wirklich. Ich lebe real. Ich lebe produktiv. Ich lebe leidenschaftlich ein Leben in der Fülle, wie Jesus es versprochen hat.

Keiner von uns kann sagen, wie lange unsere Reise dauern wird, wie lange wir brauchen, um diese Entdeckungen zu machen. Vielleicht vergeuden wir viele Jahre im Entenhof, bevor wir erkennen, dass wir dort nicht weiterkommen. Vielleicht verschwenden wir auch viel Zeit mit Weglaufen vor Jägern und bissigen Hunden, ohne zu verstehen, dass es noch etwas anderes, Besseres gibt, wenn wir nur stehen bleiben und auf das sehen würden, was Gott geschaffen hat. Vielleicht bleiben wir auch störrisch im Haus der alten Frau sitzen, entschlossen, die Anerkennung der Henne und der Katze zu erkämpfen.

Unser Leben hat viele interessante Wendungen und Kurven. Das Gute ist: Wenn wir uns unserer Entwicklung zum »Schwan« bewusst werden, bekommen all diese Veränderungen einen Sinn. Die Sache ist es wirklich wert!

In Gottes Augen ist niemand zu hässlich, zu merkwürdig oder zu groß. Das hässliche Entchen sagte: *»So viel Glück habe ich mir nicht träumen lassen, als ich das hässliche Entenküken war!«* Wir dürfen das hässliche Entchen nicht vergessen. Wir können es nie hinter uns zurücklassen. Wir müssen uns der Erinnerungen, der Bilder, der Gefühle immer bewusst bleiben. Denn es gibt immer noch zu viele andere »hässliche Entenküken«, die uns an all die Not und Verzweiflung erinnern sollten. Wenn sie ihre Hoffnung verlieren, können wir für sie hoffen.

Gott hat jeden Einzelnen von uns für den Moment erschaffen, an dem er sein Spiegelbild als »Schwan« entdeckt – der Moment, wenn wir einen großen Seufzer der Erleichterung ausstoßen und merken, dass das Leben doch noch nicht vorbei ist. Nein, es hat erst begonnen. *». . . es war ein Schwan. Es macht nichts, dass man auf dem Entenhof geboren ist, wenn man nur in einem Schwanenei gelegen hat!«*

Ich beobachtete vor kurzem, wie eine Mutter auf den Gefühlen ihrer Teenager-Tochter herumtrat, und dachte: *Trotzdem lebt in dieser Mutter die Schönheit.* Meine eigene Tochter machte diese Woche einige sehr dumme und völlig verrückte Dinge, aber ich muss mich daran erinnern, dass auch in ihr ein »Schwan« lebt. Wie in Ihnen und in mir.

Wenn Sie einem »Schwan« begegnen, sehen Sie ihn nie wieder so an wie früher. Erinnern Sie sich stattdessen daran, dass Sie auch dazu erschaffen sind und dass Sie Gottes Schöpfung Respekt entgegenbringen sollen, denn seine Schöpfung ist der »Schwan« in Ihnen.

Die Worte des schönsten aller schönen Vögel am Schluss des Märchens waren: *»So viel Glück habe ich mir nicht träumen lassen, als ich das hässliche Entenküken war!«* Wie in allen Märchen dürfen wir wohl davon ausgehen, dass unser kleiner Freund von da an in Glück und Frieden lebte. Ich glaube daran, dass Märchen wahr werden können.

Was ich damit meine? Wer lebt denn immer in Glück und Frieden? Irgendjemand, den Sie kennen? Ich meine, dass Gott einen Zyklus der Hoffnung in uns gesetzt hat, den viele Geschichtenerzähler aus vielen verschiedenen Zeiten erfasst haben: Wir werden geboren, wir hoffen, unsere Hoffnungen sterben, und dann kommt es in unserem »Lebensmärchen« zu einem der beiden möglichen Schlüsse – entweder sterben unsere Hoffnungen für immer, ohne eine Auferstehung zu erfahren, oder sie werden zu neuem Leben erweckt und bleiben ewig. Dann leben wir immer in Glück und Frieden.

Die Liebesgeschichte Gottes mit uns beginnt mit »Am Anfang schuf Gott . . .« (1. Mose 1,1) und endet mit »Die Gnade des Herrn Jesus sei mit allen!« (Offenbarung 22,21). Der Grund, warum unser eigenes Märchen ein glückliches Ende haben kann, ist allein die Gnade Gottes. Glück, also wahre Freude, bedeutet nicht, dass es keine Probleme und Konflikte mehr gibt. Aber Gott beschenkt uns mit seiner tiefen, beständigen Gegenwart in einem Maße, dass wir fähig werden, über die Probleme hinauszuwachsen und ihren Sinn und ihre Bedeutung zu erkennen.

Nie werde ich die Quälerei und die Verzweiflung vergessen, die mein Leben beherrschten, bevor ich das Geheimnis des Schwans entdeckte. Ich habe die schmerzlichen Erinnerungen zu einem Teil meiner Lebenserfahrung gemacht; es ist Gottes Geschenk an mich, dass ich sie nie ganz vergessen werde. Denn es sind diese Erinnerungen, die mich andere auf ihre Reise schicken lassen – eine Reise, die zur tiefsten und erfülltesten Beziehung zu Gott und den Menschen führt.

Als ich kürzlich über die majestätischen Rocky Mountains flog, stellte ich mir selbst drei Fragen: Wo will ich leben? Was will ich tun? Wen will ich lieben? (Eine kleine Bestandsaufnahme von Zeit zu Zeit schadet nie.)

Als mein Flugzeug den Nachthimmel über Seattle erreicht hatte, war ich mir über drei Dinge klar geworden: Ich lebte dort, wo ich leben wollte, tat, was ich tun wollte, und liebte die Menschen, die ich lieben wollte. Ich bin auf dem Weg, und ich kann die Entwicklung genießen. Die wilde, unkontrollierte Rastlosigkeit gehört der Vergangenheit an.

Trotzdem werde ich immer mit einem gewissen Maß an Ruhelosigkeit und Schmerz leben, denn ich bin noch nicht an meinem letzten, ewigen Zielpunkt angekommen. Deshalb sind von Zeit zu Zeit Anpassungen in meinem Leben notwendig. Aber ich weiß, dass mein Ziel Gott ist, und was er dort für mich vorbereitet hat, ist so herrlich, dass sich kein Glück dieser Welt damit messen kann.

Ich werde dem hässlichen Entchen für immer dankbar sein, dass es mir dabei geholfen hat, mich für diesen Ort vorzubereiten, meine Sehnsüchte nach dem »Schwan« zu wecken und mich nach Gott auszustrecken, denn er ist der Einzige, der die Sehnsucht meines Herzens wirklich stillen kann. Dieses Glück wird erst noch kommen.